콤팩트 여행독일어회화

콤팩트
여행독일어회화

2008년 6월 1일 초판 인쇄
2008년 6월 5일 초판 발행

엮은이 Enjc 스터디
발행인 손건
편집기획 김소연
디자인 김선옥, 김윤수
마케팅 윤영진, 김재윤
게긱 최송룡
인쇄 선경프린테크
제본 정민제책

발행처 **LanCom** 랭컴
주소 서울시 영등포구 영등포동 6가 67-1 윤성타워텔 504호
등록번호 제 312-2006-00060호
전화 02) 2636-0895
팩스 02) 2636-0896
홈페이지 www.lancom.co.kr

ⓒ Enjc 스터디 2008
ISBN 978-89-89059-89-9   13750

이 책의 저작권은 저자에게 있습니다. 저자와 출판사의 허락없이
내용의 일부를 인용하거나 발췌하는 것을 금합니다.

Enjc 스터디 지음

쾌락은
우리를 자기 자신으로부터 떼어놓지만,
여행은
스스로에게 자신을 끌고 가는 하나의 고행이다.

- Albert Camus -

머리말

단체로 독일여행을 가면 현지 사정에 밝은 가이드가 안내와 통역을 해주기 때문에 말이 통하지 않아 생기는 불편함은 그다지 크지 않을 수 있습니다. 하지만, 외국인을 직접 만나서 대화를 하거나 물건을 구입할 때 등의 경우에서는 회화가 절대적으로 필요하며 여행지에서의 자유로운 의사소통은 여행을 한층 즐겁고 보람차게 해줄 것입니다.

언어 때문에 부담스러운 여행이 아니라 즐거운 독일여행이 되기 위해서 출국에서 안전하게 귀국에 이르기까지 그때그때 상황에 맞는 유용한 독일어 회화표현만을 엄선하였습니다. 따라서 상대방의 이야기를 듣고 천천히 그리고 확실하게 자기가 하고 싶은 말을 할 수 있도록 하였으며, 실제로 독일로 여행을 떠날 때 이 책 한 권을 주머니에 넣고 출발하면 베스트 가이드가 될 것입니다.

이 책은 다음과 같은 특징으로 꾸며졌습니다.

콤팩트 여행회화

여행지에서 간편하게 휴대하고 다니면서 쉽게 꺼내 볼 수 있도록 한 손에 쏙 들어가는 콤팩트 사이즈로 만들었습니다.

여행할 때 유용한 회화표현

독일로 여행, 출장, 방문을 할 때 현지에서 유용하게 사용할 수 있도록 꼭 필요한 회화만을 엄선하여 찾아보기 쉽도록 사전식으로 구성하였습니다.

장면별 회화 구성

여행을 떠나기 전에 알아두면 유용한 기본표현은 물론 출국, 도착, 숙박, 식사, 관광, 쇼핑, 교통, 여행 트러블 등 여행자가 부딪칠 수 있는 장면을 다양하게 설정하였습니다.

보기 쉬운 맞쪽 편집과 패턴드릴

필요한 장면에 부딪치는 상황이 오면 즉석에서 찾아 바로 활용이 가능하도록 우리말을 먼저 두었으

며, 보기 쉽도록 맞쪽으로 편집하였습니다. 또한 단어를 넣어 대입할 수 있는 패턴을 통해 다양한 표현을 활용할 수 있도록 하였습니다.

원어민의 발음에 충실한 한글 표기

독일어를 잘 모르더라도 누구나 쉽게 발음할 수 있도록 모든 회화표현 및 단어에 한글로 발음을 표기해두었으며, 그 발음은 가능한 원음에 충실하여 표기하였습니다.

본문전체가 녹음된 mp3 파일 무료제공

본문전체가 녹음된 mp3 파일을 랭컴출판사 홈페이지(www.lancom.co.kr)에서 무료로 제공하고 있습니다. 여행을 떠나기 전에 미리 다운받아 공부를 하는 것도 언어에 대한 두려움을 없애는 데 도움이 될 것입니다. 녹음은 한국인 성우가 먼저 하나의 표현을 말한 다음 원어민이 그 표현에 해당하는 독일어를 들려줍니다. 독일어 발음을 들은 다음 그와 같이 발음하도록 반복해서 연습하십시오.

Part 1 기본표현

인사 36
간단한 문답 40
방문과 초대 48
거리에서의 질문 64

Part 2 수·시간·계절·색

수 70
시간 72
요일 78
월 78
계절과 날씨 80
색 86

Part 3 상황표현

안부 92
식사와 음료 96
식당에서 110
오락 118
호텔에서 124

차례

Part 4. 통신·은행

우체국에서 138
전화 142
은행 146

Part 5. 교통기관

여러 가지 교통기관 ... 152
철도 156
공항에서 162
세관에서 164
자동차 운전 168

Part 6. 긴급사태

긴급상황 180

여행준비

해외로 여행을 하려면 무엇보다 사전에 준비가 철저해야 한다. 출국에 앞서 가장 기본적인 준비는 여권 만들기(구여권) → 방문국의 비자취득(비자면제국가는 제외) → 각종 여행정보 수집 → 국제운전면허증 등 각종 증명서 만들기 → 출국 교통편 정하기 → 숙박 예약 → 환전 및 여행에 필요한 짐 챙기기 등이 있다. 물론 이러한 준비는 여행사를 통해서 간편하게 할 수 있다.

여권(passport)

여권은 외국을 여행할 때 여행자의 신분과 국적을 증빙하고, 그 보호를 의뢰하는 문서로써 해당 기관 즉, 외무부 여권과 및 시청, 구청, 군청 등에서 발급받는다. 여권 발급시의 구비서류는 다음과 같다.

① 여권 발급 신청서 : 1부
② 여권용 사진 : 2매(3.5×4.5cm 뒷배경은 하얀색)
③ 발급 비용

종류	유효기간	수수료	대상
복수여권	10년	55,000원	만 18세 이상 희망자
	5년	47,000원	만 18세 이상 희망자 만 8세 이상 ~ 만 18세 미만자
		15,000원	만 8세 미만자 기간연장 재발급 해당자

	5년 미만	15,000원	국외여행허가대상자 잔여 유효기간부여 재발급
단수여권	1년	20,000원	1회 여행만 가능
기재사항 변경		5,000원	동반 자녀 분리
			사증란 추가(1회)

④ 주민등록증이나 운전면허증
⑤ 병무 확인서(병역의무자에 한함)
■ 여권 발급에 소요되는 기간은 5~7일이나 성수기에는 7~10일 정도가 걸린다.
■ 외교통상부

주소 : 서울시 종로구 수송동 80번지 Korean Re 대한재보험빌딩 4층

전화 : · 영사과 확인창구
　　　(02) 720-0460 / (02) 2100-7500
　　　· 여권과 창구 (02) 2100-7593~4
　　　· 해외이주 창구
　　　(02) 2100-7578 / (02) 720-2728

비자(visa)

비자는 여행하고자 하는 국가 기관(대사관)에 의뢰하면 입국을 허가하는 공식 문서로써 방문국가가 결정되면 먼저 비자 필요여부를 확인해야 한다. 비자가 필요한 국가들 중에는 방문목적과 체류기간

에 따라 요구하는 구비서류가 다른 경우가 있다. 비자에도 입국의 종류와 목적, 체류기간 등이 명시되어 있으며, 여권의 사증란에 스탬프나 스티커를 붙여 발급하게 된다.

짐을 꾸리기 전에 반드시 확인하자

여행 일정에 가장 중요한 일은 짐을 꾸리는 일이다. 대충 짐을 꾸렸다가는 여행지에서 낭패를 보기 십상이다. 여행지의 기후나 풍토에 대한 정보를 충분히 알아보고 의식주에 관한 준비를 하는 것이 꼭 필요하다.
여권과 항공권 · 현금 · 신용카드 · 필기도구와 운전면허증 및 각종 서류는 작은 가방에 넣어 별도로 소지하는 것이 좋다.

① 여권 : 사진이 있는 면을 복사해서 여권과 별도로 보관한다.
② 항공권 : 출국과 귀국날짜, 노선, 유효기간을 확인해 둔다.
③ 현지화폐 : 교통비 입장료 등의 소액
④ 여행자수표 : 현금과의 비율은 2 : 8정도

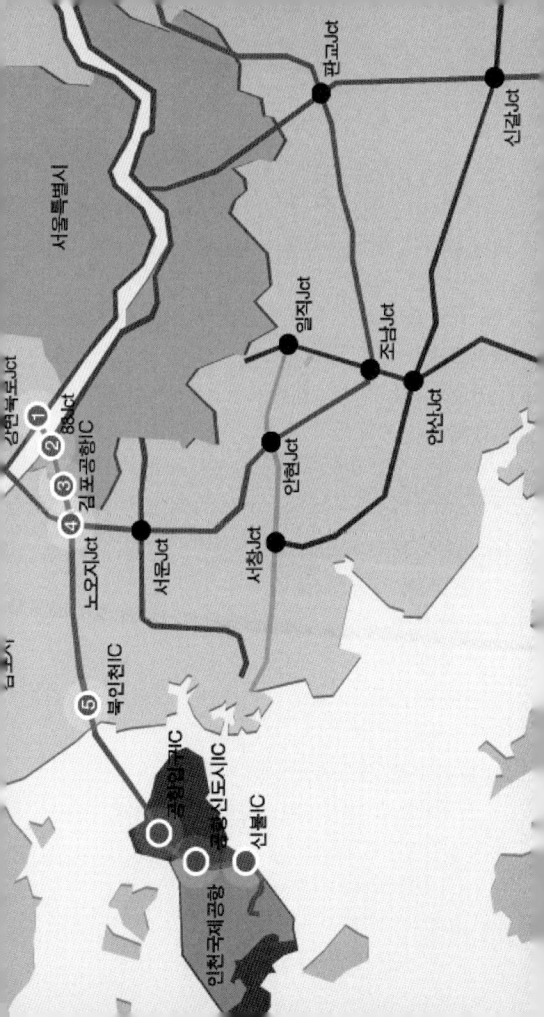

인천국제공항 가는 길

인천국제공항고속도로

인천국제공항고속도로는 공항 이용객의 정시성 확보를 최우선으로 감안하여 지역간 통행 기능을 배제하고 오직 인천국제공항 방면으로만 통행이 가능한 공항전용 고속도로이다. 즉, 인천국제공항고속도로로 진입하면 중간에서 김포공항이나 인천지역 등으로는 갈 수 없다.

인천국제공항고속도로는 6~8차선으로 총연장은 40.2km(방화대교 ↔ 인천공항)이다.

인천국제공항고속도로 진입로 현황 (5개소의 진입로)

① 은평, 마포 등 서울의 북서부 지역
   → 강변북로 및 자유로와 연결되는 북로 JCT
② 강남, 서초, 영등포, 여의도 등의 지역
   → 올림픽대로와 연결되는 88 JCT
③ 김포공항 및 강서지역
   → 김포공항 IC
④ 김포, 부천, 시흥, 일산 등의 지역
   → 외곽순환고속도로와 연결되는 노오지 JCT
⑤ 동인천 및 서인천 지역
   → 북인천 IC

인천국제공항고속도로 통행료

구 분	서울(신공항영업소)	인천(북인천영업소)
경 차	3,550	1,700
소형차	7,100	3,400
중형차	12,100	5,900
대형차	15,700	7,600

- 신공항하이웨이(주) (http://www.hiway21.com)
- 인천국제공항고속도로 문의 : (032) 560-6100

자가용 이용시 유의사항

여객터미널 출발·도착층 진입로는 버스와 승용차(택시포함)의 진입로가 분리되어 있으므로 도로안내표지의 승용차·택시용 진입차선을 반드시 지켜서 진입해야 한다.

출발층(고가도로, 3층)에서는 택시, 승용차 구분 없이 목적하는 항공사와 가까운 위치에서 승·하차할 수 있다. 단, 승·하차를 위한 5분이상의 정차는 안 된다.

도착층(지상, 1층)에서는 택시, 승용차의 정차위치가 지정되어 있으므로 지정된 위치에서 정차 후 승·하차해야 한다.

출발·도착층에서는 장시간의 정차가 허용되지 않으므로 승·하차 후 즉시 출발해야 한다.

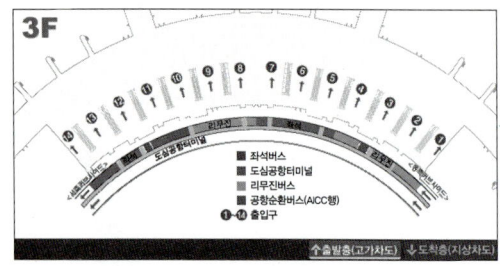

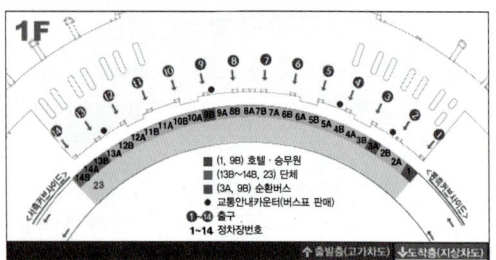

인천 ↔ 영종도 해상항로

인천에서 선박을 이용하여 인천국제공항으로 가고자 하는 여객의 경우 월미도 ↔ 영종도 해상항로를 이용할 수 있다. 운항시간 매일 05:00~21:30이고, 운항간격은 약 15~20분이며, 도선료는 1,000원(대인 1인 기준)이다.

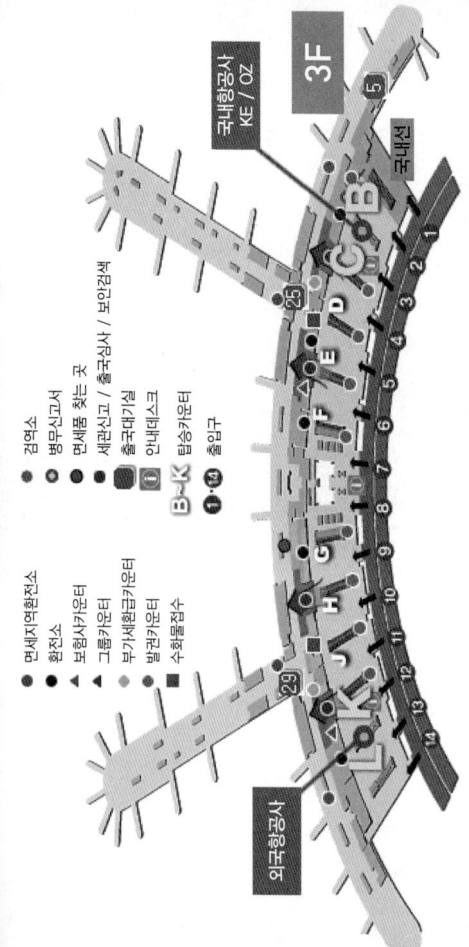

독일어에 관하여

쾰른 대성당 (Cologne Cathedral)

오늘날 독일어는 1억명 이상의 사람들이 사용하고 있습니다. 독일어는 통일 독일의 언어인 동시에 오스트리아, 리히텐쉬타인, 그리고 스위스의 4개 공용어 가운데 하나입니다. 또한 독일어는 전 세계에 퍼져 있는 독일 이주민들이 사용하는 언어입니다.

초기 게르만 부족들은 현재 독일의 대부분의 지역에 이주하였습니다. 기원전 58년까지 로마인들에 의해 북쪽으로는 다뉴브강, 서쪽으로는 라인강 너머까지 정복당했습니다. 지금도 로마식 저택, 목욕탕, 거리의 유물들을 트리어(Trier)와 마인츠(Mainz) 같은 도시에서 볼 수 있습니다. 로마제국이 해체된 서기 406년부터 북부의 게르만 부족들과 현재 벨기에 지역의 게르만계 프랑크 족들은 전 유럽을 정복하였습니다.

독일 통치자 찰레마그네(Charlemagne)의 서기 768년부터 814년에 걸친 시기에 게르만 제국은 게르만 부족들인 튜튼 족(Teutons), 반달 족

> 독일어에 관하여

(Vandals), 고드 족(Goths), 프랑크 족(Franks), 색슨 족(Saxons)을 통일하며 북부 이탈리아와 북부 스페인을 포함하는 대서양부터 북해까지 영토를 넓혔습니다. 식자 계층에서 사용되고 있던 로마 가톨릭 교회의 라틴어가 공식적인 행정언어가 되었습니다. 초기 독일어는 비식자층에서 주로 쓰였습니다. Deutch라는 말도 민중을 의미하는 라틴어인 Theodiscus에서 유래했습니다. 독일에서 최초의 대학 강의는 1687년에 있었지만 라틴어로부터 현재의 독일어로의 변경에는 수십년이 걸렸습니다. Plattdeutsch는 북부 방언들을 가리키고 Hochdeutsch는 남부 방언들을 가리킵니다. Hochdeutsch는 전 독일의 지역 방언들과 함께 쓰여진 표준 독일어를 설명하기 위해 사용된 용어입니다. 이 책에서 사용한 표준 독일어도 지역마다 약간의 차이가 있지만 독일에서 사용하는 데에는 아무 지장이 없습니다.

마틴 루터(1483~1546)는 현대 남부 방언의 초기 독일어로 성서를 번역했습니다. 북부 방언의 선조인 고대 색슨 족들의 문서는 9세기부터 존재하여 북부 독일이 문화적, 학문적으로 남부 독일과 경쟁한 것으로 보여집니다. 그러나 루터의 성서가 독일 전국에 퍼지자 북부 방언의 중요성은 사라지게 되었습니다. 독일어와 영어는 게르만 어족에 속하는 라틴어로부터 많은 말들을 수용했습니다. 많은 독일어와 영어 단어가 서로 닮아 있는데 그 유래를 따라가면 가장 오래된 독일어인 고딕어에까지 미치는 것도 있습니다.

독일어에서 모든 명사는 첫 글자를 대문자로 쓴다는 것을 기억해 두십시오.

본문 내용이 녹음되어 있는 mp3 파일은 독일어 표현을 반복해서 들려 줍니다. 반복해서 듣는 동안 그 표현을 큰 소리로 따라서 발음해 주십시오.

실험에서는 10회~20회 말해 본 단어가 50회~100회 읽은 단어보다 빠르게 기억된다는 것을 밝혀 냈습니다. 따라서 표현을 큰 소리로 자주 발음해 주십시오. 회화에서 독일인이 말한 것, 텔레비전이나 라디오에서 듣는 것들을 스스로 따라서 발음해 보십시오. 또한 눈에 띄는 간판의 단어, 책·신문·잡지 속에서 본 단어들도 큰 소리로 소리 내어 읽어 보십시오.

발음 요령

독일어는 음성언어이므로 각 철자 또는 철자의 조합은 대부분 하나의 소리만을 가지고 있습니다. 모든 언어는 발음 규칙에 예외가 있는데 독일어에는 이런 예외가 거의 없습니다. 이것이 기본 원리만을 알고 있다면 독일어가 발음하기 쉬운 이유입니다.(발음편을 참고하세요)

모음은 장음과 단음이 있습니다. 자음으로 끝나지 않고 강세가 있는 음절에서는 항상 길게 발음됩니다(예: haben 가지다). 중첩된 자음으로 끝나는 음절이거나 강세가 없으면 대부분 짧게 발음됩니다(예: voll 가득 찬). 어미 활용형은 원형의 발음을 따릅니다. 그러므로 sagt는 길게 발음되는데 기본형이 sagen(말하다)이기 때문입니다. 장음은 또한 leer(빈)과 같이 모음을 중첩시켜서 나타내거나 er geht(그는 간다)와 같이 모음에 이어서 h를 붙여서 나타내기도 합니다. 또한 sie에서처럼 모음 i이 이어서 오는 e로도 나타냅니다. sie schrieben(그들은 썼다)의 ie와 wir schreiben(우리는 쓴다)의 ei를 혼동하지 말기를 바랍니다. 하나의 자음자로 끝나는 강세가 있는 음절은 er hat와 같이 짧게 발음되거나 er war과 같이 길게 발음될 수 있습니다.

a, u, o 위에 2개의 점으로 표시(ä, ö, ü)되는 움라우트는 모음을 변화시킵니다.

독자들은 ß철자에 익숙하지 않을 겁니다. 이것은 항상 모음 뒤에 오며 ss로 바꾸어 쓸 수 있습니다.
발음은 영어의 s와 같습니다.
이제부터 여행 독일어 회화를 시작해 봅시다.

독일어 모음과 자음의 발음

(1) 복모음

au	[아우]	Frau [프라우]
äu	[오이]	Fräulein [프로일라인]
eu	[오이]	neun [노인]
ei	[아이]	ein [아인]

(2) 단모음

a	[아]	Mann [만]
a	[아-]	Bahn [바-ㄴ]
ä	[애]	hätte [해태]
ä	[애-]	spät [슈패-트]
e	[애]	gute [구-태]
e	[에]	wenn [벤]
e	[에]	sehr [제-어]
		leer [레-어]
		geht [게-트]
i	[이]	bis [비스]
i	[이-]	sie [지-]
o	[오]	soll [졸]
o	[오-]	wohl [보-ㄹ]
ö	[외]	Köln [쾰른]
ö	[외-]	schön [쇠-ㄴ]

u	[우]	Kurve [쿠르베]
u	[우-]	Uhr [우-어]
ü	[위]	Brücke [브뤼케]
ü	[위-]	über [위-버]
y	[위]	typisch [뒤-피쉬]

(3) 자음

ß	[씨]	Straße [슈트랏세]
b	[ㅂ]	bitte [비테]
b	[ㅍ]	gelb [겔프]
d	[ㄷ]	das [다스]
d	[ㅌ]	Bad [바-트]
g	[ㄱ]	gute [구-테]
g	[히]	eilig [아일리히]
g	[ㅋ]	Tag [타-ㅋ]
s	[슈, 쉬]	spät [슈패-트]
s	[ㅈ]	sie [지-]
s	[ㅅ]	aus [아우스]
v	[ㅍ]	von [폰]
v	[ㅂ]	Viktor [빅토어]
w	[ㅂ]	wie [비-]
ch	[히]	ich [이히]
ch	[흐]	nach [나흐]

j	[이]	ja [야-]
n	[ㅇ]	Dank [당크]
qu	[크브]	Quelle [크벨래]
r	[ㄹ]	Reis [라이스]
ti	[치]	Ration [라치오-ㄴ]
th	[ㅌ]	Thron [트로-ㄴ]
t	[ㅌ]	Tag [타-ㅋ]
z	[ㅉ, ㅊ]	zum [쭘]

독일어 기초 문법

(1) 명사

독일어 명사는 남성(m), 여성(f), 중성(n) 명사로 구분된다. 명사는 각각의 성에 따라 특정한 부정관사, 즉 ein(m), eine(f), ein(n) 또는 아래와 같은 정관사와 결합된다.

단수(정관사)

m **der**	Männ	Brief	Bus	Bahnhof
f **die**	Frau	Woche	Tasse	Nuß
n **das**	Kind	Telephon	Zimmer	Taxi

복수(정관사)

m **die**	Männer	Briefe	Busse	Bahnhöfe
f **die**	Frauen	Wochen	Tassen	Nüsse
n **die**	Kinder	Telephone	Zimmer	Taxis

명사는 문장내에서 항상 일정한 기능, 즉 격을 갖는다. 위에 열거한 명사는 문법상 주어의 위치에 놓여짐으로써 주격(N)을 취한다. 명사는 간접목적어 또는 직접목적어로 사용되기도 하는데, 이때 각각 여격(D) 또는 목적격(A)을 취한다. 이밖에도 명사는 소유관계를 표시하는 소유격(G)으로 나타나기도 한다. 명사 또는 대명사는 아래와 같이 전치사와 함께 여격(mit와 함께) 또는 목적격(für와 함께)으로 사용되기도 한다.

단수

	남성	여성	중성
D(mit)	dem Vater	der Muter	dem Auto
	einem Vater	einer Mutter	einem Auto
A(für)	den Vater	die Mutter	das Auto
	einen Vater	eine Mutter	ein Auto

복수

	남성	여성	중성
D(mit)	den Vätern	den Müttern	den Autos
A(fur)	die Väter	die Mütter	die Autos

(2) 대명사

대명사는 격에 따라 다른 형태를 나타내는데, 인칭과 존칭여부에 따라 아래와 같이 사용된다.

단수

	1인칭	2인칭	3인칭(m)	3인칭(f)	3인칭(n)
D	mir	dir	ihm	ihr	ihm
A	mich	dich	ihn	sie	es

복수

	1인칭	2인칭	3인칭	2인칭(존칭)
D	uns	euch	ihnen	Ihnen
A	uns	euch	sie	Sie

(3) 형용사

형용사는 명사 앞에 놓일 때만 어미변화한다.

검은 신	Die schwarzen Schuhe
신이 검다	Die Schuhe sind schwarz.

(4) 동사

독일어 동사의 원형은 -n 또는 -en으로 끝난다. 동사는 다음과 같이 인칭변화한다(현재의 경우).

단 수		복 수	
1인칭	ich schreibe	1인칭	wir schreiben
2인칭	du schreibst	2인칭	ihr schreibt
3인칭 남성	er schreibt	3인칭	sie schreiben
여성	sie schreibt	2인칭(존칭)	Sie schreiben
중성	es schreibt		

동사의 과거분사는 동사원형 앞에 ge-가 붙고, -en 또는 -(e)t로 끝난다.

원 형	과거분사
schreiben	Ich habe geschrieben. 나는 (글을) 썼다.
kaufen	Ich habe gekauft. 나는 (물건을) 샀다.

독일어 문장에서는 본동사를 생략한 채 조동사만 등장할 수도 있다.

Ich kann das (tun). 나는 그것을 할 수 있다.
Ich will das (haben). 나는 그것을 갖고 싶다.
Ich darf das (lesen). 내가 그것을 읽어도 괜찮다.
Ich muß nach Haus (gehen). 나는 집에 가야 한다.

꼭 알아두어야 할 중요한 표지

A
Abfahrt [압파-르트] 출국
Achtung [아흐퉁] 주의
Achtung Kurve [아흐퉁 쿠르베] 커브길
Anhalten verboten [안할텐 페어보-텐] 정차금지
Ankunft [안쿤프트] 도착
Ausgang [아우스강] 출구

B
Baden verboten [바-덴 페어보-텐] 수영금지
Bahnübergang [바-ㄴ위-버강] 건널목
Brücke [브뤼케] 다리

D
Damen [다-멘] 숙녀용
Drücken [드뤼켄] 누르시오
Durchfahrt verboten [두르히파-르트 페어보-텐]
　　　　　　　　　통과금지

E
Einbahnstraße [아인바-ㄴ슈트랏세] 일방통행
Eingang [아인강] 입구
Eintritt untersagt [아인트릿 운터자-ㅋ트] 출입금지
Eintritt verboten [아인트릿 페어보-텐] 출입금지

Einsenbahn [아이젠바-ㄴ] 철도
Erste Hilfe [에어스테 힐페] 응급처치실

F
Fahrzeuge verboten [파-쪼이게 페어보-텐] 차량금지

G
Gefahr [게파-] 위험
Geöffnet [게왜프넷] 열렸음
Geschlossen [게슐롯센] 닫혔음

H
Halten verboten [할테 페어부-텐] 도로변 정차금지
Hauptstraße [하웁트슈트랏세] 주도로
Herren [헤렌] 신사용
Höchstgeschwindigkeit [획스트게슈 빈디히카이트]
　　　　　　　　　　속도제한
Höchstlast fünt Tonnen [획스틀라스트 퓐프 톤넨]
　　　　　　　　　　중량제한 5톤

K
Krankenhaus [크랑켄하우스] 병원
Kreuzung [크오이쭝] 교차로

> 꼭 알아두어야 할 중요한 표지

L
Langsam [랑잠] 천천히
Links halten [링스 할텐] 왼쪽 차선으로
Linkskurve [링스쿠르베] 왼쪽 커브길

M
Motorfahrzeuge verboten [모-토파-쪼이게 페어보-텐] 모터차량금지

N
Notausgang [노-트아우스강] 비상구

P
Parkplatz [파크플랏츠] 주차장
Parken verboten [파르켄 페어보-텐] 주차금지

R
Rauchen verboten [라우헨 페어보-텐] 흡연금지
Rechts halten [레힛츠 할텐] 오른쪽 차선으로
Rechtskurve [레힛츠쿠르베] 오른쪽 커브길

S
Sackgasse [작갓세] 막다른 골목

U
Überführung [위-버퓨-룽] 육교
Umleitung [움라이퉁] 우회도로
Unterführung [운터퓨-룽] 지하도

V
Vorsicht [포어지히트] 조심

W
Waschraum [바쉬라움] 세면장

Z
Ziehen [찌-옌] 당기시오
Zoll [쫄] 관세

Part 1
기본표현

- 인사
- 간단한 문답
- 방문과 초대
- 거리에서의 질문

인사

안녕하십니까, 뮐러 여사.

안녕하세요, 바우만 양.

안녕하십니까, 슈미트 씨.

안녕히 주무세요.

안녕히 주무세요.

다음에 봐.

안녕히 가세요.

안녕. 〈친근한 표현〉

Guten Morgen, Frau Müller!
구-텐 모르겐 프라우 뮬러

Guten Tag, Fräulein Baumann!
구-텐 타-ㅋ 프로일라인 바우만

Guten Abend, Herr Schmidt!
구-텐 아-벤트 헤어 슈밋트

Gute Nacht!
구-테 나흐트

Schlafen Sie wohl!
슐라펜 지- 보-ㄹ

Bis auf bald!
비스 아우프 발트

Auf Wiedersehen!
아우프 비-더지-엔

Tschüß!
츄-쓰

인사

재미있는 시간 보내세요.

좋은 하루 보내세요.

즐거운 시간 보내세요.

좋은 주말 보내세요.

기본 표현

Viel Spaß!
피-ㄹ 슈파-쓰

Einen schönen Tag noch!
아이넨 쇠-넨 타-ㅋ 노흐

Gute Unterhaltung!
구-태 운터할퉁

Ein schönes Wochenende!
아인 쇠-네스 복헨엔데

바보는 방황하고 현명한 사람은 여행한다. −T. 플러−

간단한 문답

예.

아니오.

그러세요. 〈허가해 줄 때〉
뭘요. 〈감사에 대답할 때〉

그러세요. / 천만에요.

실례합니다.

실례합니다.

글쎄요.

그렇습니까?

기본 표현

Ja.
야–

Nein.
나인

Bitte.
비테

Bitte. schön.
비테 쇠–ㄴ

Verzeihen Sie!
페어짜이엔 지–

Entschuldigen Sie!
엔출디겐 지–

Vielleicht.
피–ㄹ라이히트

Wirklich?
비어클리히

간단한 문답

고맙습니다.

대단히 고맙습니다.

당신께 감사드립니다.

미안합니다.

저는 잘 모르겠습니다.

그렇게 생각합니다.

그렇게 생각하지 않습니다.

조심하십시오.

기본 표현

Danke schön.
당케 쇼-ㄴ

Vielen Dank!
피-ㄹ랜 당크

Ich bin Ihnen dankbar.
이히 빈 이-넨 당크바

Es tut mir leid.
에스 투-트 미어 라이트

Ich weiß nicht.
이히 바이쓰 니히트

Ich glaube.
이히 글라우베

Ich glaube nicht.
이히 글라우베 니히트

Seien Sie vorsichtig.
자이언 지- 포어지히티히

43

간단한 문답

물론입니다.

맞습니다.

그건 믿을 수 없습니다.

훌륭하군요.

절대 아닙니다. / 안됩니다. / 안합니다.

정말 감사드립니다.

천만에요.

기본 표현

Selbstverständlich.
젤프스트페어슈탠틀리히

Das ist richtig.
다스 이스트 리히티히

Das kann ich nicht glauben.
다스 칸 이히 니히트 글라우벤

Prima.
프리-마

Auf keinen Fall.
아우프 카이넨 팔

Tausend Dank.
타우젠트 당크

Keine Ursache.
카이네 우어작헤

간단한 문답

그거 기막히게 아름답군요.

아주 재밌군요

믿기 어렵군요

기본 표현

Das ist wunderschön.
다스 이스트 분더쇠-ㄴ

äußerst interessant
오잇서스트 인테레산트

fabelhaft
파-벨하프트

tip

중세고성과 맥주의 나라, 유럽의 경제중심, 독일

중세를 그대로 옮겨놓은 듯한 로맨틱가도와 경제발전의 모델인 라인강의 기적, 다양한 맥주와 게르만 민족의 나라, 더불어 동·서독간 통합과정을 통해 우리에게 평화통일 과 성의 소중한 교훈을 주는 나라가 바로 독일이다.

- 수도 : 베를린(Berlin, 약 350만명)
- 인구 : 약 8천 241만명
- 기후 : 온화, 다습(년평균 기온 9℃)
- 면적 : 356,885km² (한반도의 1.6배)
- 주요도시 : 프랑크푸르트(Frankfurt), 함부르크 (Hamburg), 뮌헨(Muenchen)
- 주요민족 : 게르만족(99%)
- 주요언어 : 독일어
- 종교 : 신교(36.4%), 구교(34.6%), 기타(29%)

방문과 초대

어떻게 지내십니까?

어떻게 지내니?

어떻게 지내십니까?

어떻게 지내니?

잘 지내고 있습니다. 당신은요?

고맙습니다. 잘 지내고 있습니다.

가족들에게 안부 전해 주십시오.

Wie geht es?
비- 가-ㅌ 에스

Wie geht's?
비- 가-츠

Wie geht es Ihnen?
비- 가-ㅌ 에스 이-넨

Wie geht's dir?
비- 가-츠 디어

Sehr gut, danke; und Ihnen?
제-어 구-ㅌ 당케 운트 이-넨

Danke, mir geht es gut.
당케 미어 가-ㅌ 에스 구-ㅌ

Bitte grüßen Sie Ihre Familie von mir.
비테 그뤼쎈 지- 이어레 파미-ㄹ리에 폰 미어

방문과 초대

부인께서는   어떻게 지내십니까?

남편께서는

어머니께서는

아버지께서는

따님께서는

아드님께서는

누님 / 여동생분께서는

형님 / 동생분께서는

고맙습니다, 우리 모두 잘 지내고 있습니다.

진심으로 환영합니다.

참으로 친절하십니다.

기본 표현

Wie geht es Ihrer Frau?
비- 기-트 에스 이어러 프라우

Ihrem Mann
이-렘 만

Ihrer Mutter
이어러 무터

Ihrem Vater
이렘 파-터

Ihrer Tochter
이어러 토흐터

Ihrem Sohn
이렘 조-ㄴ

Ihrer Schwester
이어러 슈베스터

Ihrem Bruder
이-렘 부루-더

Danke, es geht uns allen gut.
당케 에스 기-트 운스 알렌 구-트

Herzlich willkommen!
헤어츨리히 빌코멘

Das ist sehr nett von Ihnen.
다스 이스트 제어 넷 폰 이-넨

방문과 초대

아주 고마웠어.

그녀를 아십니까?

그를 아십니까?

아니오, 아직 모릅니다.

그녀를 제게 소개시켜 주시겠습니까?

그를 제게 소개시켜 주시겠습니까?

좋아요, 기꺼이 해 드리죠.

그럼요, 기쁜 마음으로 해 드리죠.

기본 표현

Das war ganz lieb von dir.
다스 바 간쯔 라-ㅂ 폰 디어

Kennen Sie sie?
켄넨 지- 지-

Kennen Sie ihn?
켄넨 지- 이-ㄴ

Nein, noch nicht.
나인 노흐 니히트

Würden Sie sie mir vorstellen?
뷔르덴 지- 지- 미어 포어슈텔렌

Würden Sie ihn mir vorstellen?
뷔르덴 지- 이-ㄴ 미어 포어슈텔렌

Gern.
게른

Mit Vergnügen.
밑 페어그뉘-겐

방문과 초대

당신을 브라운 여사께 소개해도 될까요?

(만나서) 매우 반갑습니다.

(만나서) 매우 기쁩니다.

(만나서) 매우 기쁩니다.

저도 매우 기쁩니다.

당신은 누구십니까?

당신이 쿤쩨 씨입니까?

제 소개를 해도 될까요?

기본 표현

Darf ich Sie Frau Braun vorstellen?

다르프 이히 지- 프라우 브라운 포어슈텔렌

Sehr angenehm.

지-어 안게네-ㅁ

Sehr erfreut.

지-어 에어프로이트

Freut mich sehr.

프로이트 미히 지-어

Ganz meinerseits.

간쯔 마이너자이츠

Wer sind Sie?

베어 진트 지-

Sind Sie Herr Kunze?

진트 지- 헤어 쿤쩨

Darf ich mich vorstellen?

다르프 이히 미히 포어슈텔렌

55

방문과 초대

성함이 어떻게 되십니까?

제 이름은 프리츠 바우만입니다.

저는 칼입니다.

다시 뵙게 되어 기쁩니다.

함부르크 출신입니까?

아닙니다, 본 출신입니다.

당신은 어디에 사십니까?

베를린에 삽니다.

기본 표현

Wie heißen Sie?
비- 하이쎈 지-

Mein Name ist Fritz Baumann.
마인 나메 이스트 프리츠 바우만

Ich bin Karl.
이히 빈 카-ㄹ

Ich freue mich, Sie wiederzusehen.
이히 프로이에 미히 지- 비-더쭈제-엔

Stammen Sie aus Hamburg?
슈탐멘 지- 아우스 함부르크

Nein, ich stamme aus Bonn.
나인 이히 슈탐메 아우스 본

Wo wohnen Sie?
보- 보-넨 지-

Ich wohne in Berlin.
이히 보-네 인 베얼린

방문과 초대

영어를 할 수 있습니까?

불어를

스페인어를

한국어를

예, 조금 합니다.

저는 독일어를 잘 못합니다.

이것이 저의 첫 독일 여행입니다.
　　　　　　　유럽

천천히 말씀해 주십시오.

다시 말씀해 주십시오.

기본 표현

Sprechen Sie Englisch?
슈프레헨 지-   엥그리쉬

Französisch
프란쬐-지쉬

Spanisch
슈파-니쉬

Koreanisch
코레아니쉬

Ja, etwas.
야- 엣바스

Ich spreche nicht gut Deutsch.
이히 슈프레헤 니히트 구-트 도이치

Dies ist meine erste Reise nach Deutschland.
디-스 이스트 마이네 에어스테 라이제 나흐   도이칠란드

Europa
오이로-파

Bitte sprechen Sie langsam.
비테 슈프레헨 지- 랑잠

Bitte wiederholen Sie.
비테 비-더호-ㄹ렌 지-

방문과 초대

말씀을 막아 죄송합니다.

아침식사에   초대해도 될까요?

점심식사에

커피 마시는데

저녁식사에

들어오십시오.

앉으십시오.

잡수실 것   좀 드릴까요?

담배 한 대

차 드시겠습니까?

기본 표현

Verzeihen Sie die Unterbrechung.
페어짜이언 지- 디- 운터브레훙

Darf ich Sie zum Frühstück einladen?
다르프 이히 지- 쭘 프뤼-슈틱 아인라-덴

zum Mittagessen
쭘 밋타-게쎈

zu einer Tasse Kaffee
쭈 아이너 탓세 카피-

zum Abendessen
쭘 아-벤테쎈

Bitte kommen Sie herein.
비테 콤멘 지- 헤라인

Bitte nehmen Sie Platz.
비테 네-멘 지- 플랏츠

Darf ich Ihnen etwas zu essen anbieten?
다르프 이히 이-넨 엣바스 쭈 에쎈 안비-텐

eine Zigarette
아이네 찌가레태

Möchten Sie Tee?
뫼히텐 지- 테-

방문과 초대

오히려 커피를 마셨으면 합니다.

오래간만에 뵙겠습니다.

저희들을 다시 방문해 주십시오.

제 맘에 쏙 들었습니다.

아주 좋은 저녁시간을 보냈습니다.

Aber ich hätte lieber Kaffee.
아–버 이히 해태 리–버 카페–

Es ist schon lange her, seit ich Sie gesehen habe.
에스 이스트 쇼–ㄴ 랑에 헤어 자이트 이히 지– 게제–엔 하–베

Bitte besuchen Sie uns wieder.
비테 베죽헨 지– 운스 비–더

Es hat mir sehr gut gefallen.
에스 핫 미어 제–어 구–ㅌ 게팔렌

Es war ein sehr schöner Abend.
에스 바 아인 제–어 쇠–너 아–벤트

널리 여행하면 현명해진다. –영국 속담–

거리에서의 질문

여기 약국이 어디에 있습니까?

시내까지　얼마나 멉니까?

한국대사관까지

백화점까지

교회까지

공원까지

지도에서 가리켜 주십시오.

이 거리의 이름이 무엇입니까?

좋은 숙소의　주소가 필요합니다.

유스호스텔의

Wo ist hier eine Apotheke?
보- 이스트 히어 아이네 아포테-케

Wie weit ist es bis zur Stadtmitte?
비- 바이트 이스트 에스 비스 쭈어 슈탓트미테

zur koreanischen Botschaft
쭈어 코레아니쉔 보-트샤프트

zum Kaufhaus
쭘 카우프하우스

zur Kirche
쭈어 키르헤

zum Park
쭘 파르크

Bitte zeigen Sie es mir auf dieser Karte.
비테 차이겐 지- 에스 미어 아우프 디-저 카르태

Wie heißt diese Straße?
비- 하이스트 디-제 슈트랏세

Ich brauche die Adresse einer guten Pension.
이히 브라욱헤 디 아드렛세 아이너 구-텐 팡지오-ㄴ

einer Jugendherberge
아이너 유겐트 헤어베르게

거리에서의 질문

써주십시오.

그림으로 그려주실 수 있습니까?

제가 돌아올 때까지 기다려 주십시오.

곧 가겠습니다.

기꺼이 동행해 드리고 싶습니다.

저는 급히 서둘러야 합니다.

여기가 어디입니까?

Bitte schreiben Sie es mir auf.

비테 슈라이벤 지- 에스 미어 아우프

Können Sie mir das aufzeichnen?

쾌ㄴ넨 지- 미어 다스 아우프차이히넨

Bitte warten Sie, bis ich zurückkomme.

비테 바르텐 지- 비스 이히 쭈뤽콤메

Ich gehe sofort.

이히 게- 조포르트

Ich möchte Sie gerne begleiten.

이히 뫼히테 지- 게르네 베글라이텐

Ich habe es eilig.

이히 하-베 에스 아일리히

Wo sind wir?

보- 진트 비어

Part 2
수 · 시간 계절 · 색

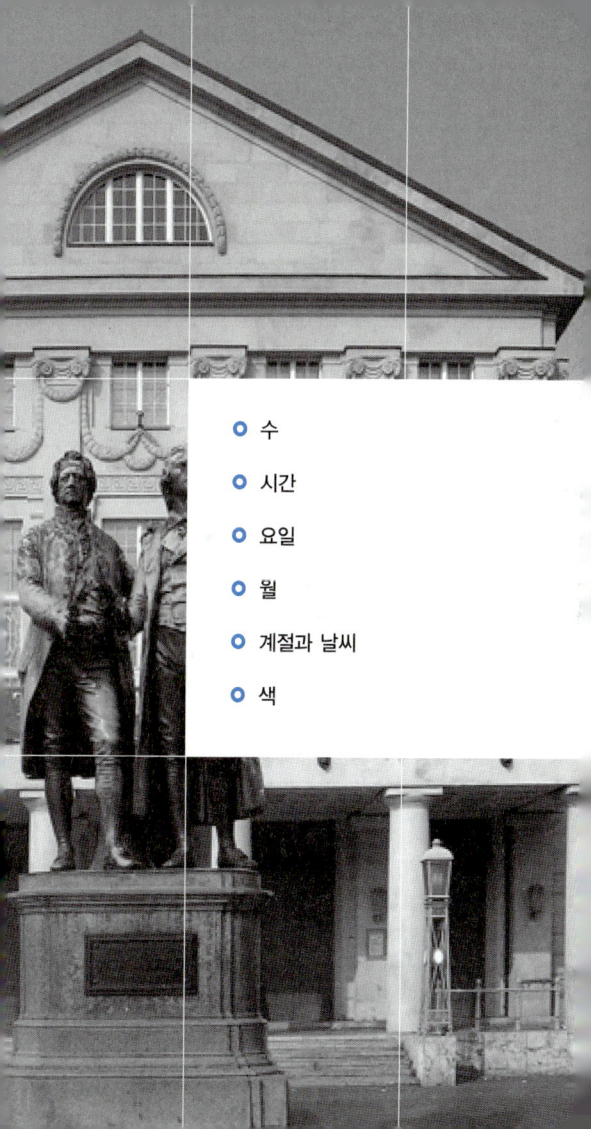

- 수
- 시간
- 요일
- 월
- 계절과 날씨
- 색

수

1	eins	아인스
2	zwei	쯔바이
3	drei	드라이
4	vier	피어
5	fünf	퓐프
6	sechs	젝스
7	sieben	지-벤
8	acht	아흐트
9	neun	노인
10	zehn	쩨-ㄴ
11	elf	엘프
12	zwölf	쯔뵐프
13	dreizehn	드라이쩨-ㄴ
14	vierzehn	피어쩨-ㄴ
15	fünfzehn	퓐프쩨-ㄴ
16	sechzehn	제히쩨-ㄴ
17	siebzehn	지-ㅂ쩨-ㄴ
18	achtzehn	아흐쩨-ㄴ

19	neunzehn	노인쩨-ㄴ
20	zwanzig	쯔반찌히
21	einundzwanzig	아인운쯔반찌히
22	zweiundzwanzig	쯔바이운쯔반찌히
23	dreiundzwanzig	드라이운쯔반찌히
30	dreißig	드라이씨히
40	vierzig	피어찌히
50	fünfzig	퓐프찌히
60	sechzig	쩨히찌히
70	siebzig	지-ㅂ찌히
80	achtzig	아흐찌히
90	neunzig	노인찌히
100	einhundert	아인훈데르트
200	zweihundert	쯔바이훈데르트
1,000	eintausend	아인타우젠트
2,000	zweitausend	쯔바이타우젠트
백만	eine Million	아이네 밀리오-ㄴ

시간

몇 시입니까?

18시입니다. 〈공식적인 표현〉

오후 6시입니다. 〈일반적인 표현〉

몇 시입니까?

24시입니다. 〈공식적인 표현〉

0시입니다. 〈공식적인 표현〉

자정입니다. 〈일반적인 표현〉

밤 12시입니다. 〈일반적인 표현〉

수·시간 계절·색

Haben Sie die Zeit?
하벤 지- 디- 차이트

Es ist achtzehn Uhr.
에스 이스트 아흐째-ㄴ 우-어

Es ist sechs Uhr nachmittags.
에스 이스트 젝스 우-어 나흐미타-크스

Wie spät ist es?
비- 슈피-트 이스트 에스

Es ist vierundzwanzig Uhr.
에스 이스트 피어운쯔반찌히 우-어

Es ist null Uhr.
에스 이스트 눌 우-어

Es ist Mitternacht.
에스 이스트 미터나흐트

Es ist zwölf Uhr nachts.
에스 이스트 쯔뵐프 우-어 나흐츠

시간

9시입니다.

10시 20분전입니다.

11시 15분입니다.

5시 반입니다.

1초

1분

1시간

2초

Es ist neun Uhr.
에스 이스트 노인 우-어

Es ist zwanzig Minuten vor zehn.
에스 이스트 쯔반지히 미누-텐 포어 쩨-ㄴ

Es ist fünfzehn Minuten nach elf.
에스 이스트 퓐프쩨-ㄴ 미누-텐 나흐 엘프

Es ist halb sechs.
에스 이스트 할프 젝스

eine Sekunde
아이네 제쿤데

eine Minute
아이네 미누-테

eine Stunde
아이네 슈툰데

zwei Sekunden
쯔바이 제쿤덴

시간

2시간

10분

우리 <u>오늘 오후에</u> 만날 수 있을까요?

　　오늘 아침에

　　오늘 저녁에

　　오늘 정오에

　　내일 아침에

　　아침 일찍이

　　저녁 늦게

zwei Stunden
쯔바이 슈툰덴

zehn Minuten
쩨-ㄴ 미누-텐

Können wir uns heute nachmittag treffen?
쾌ㄴ넨 비어 운스 호이테 나흐미타-ㅋ 트레펜

heute morgen
호이테 모르겐

heute abend
호이테 아-벤트

heute mittag
호이테 미타-ㅋ

morgen früh
모르겐 프뤼-

früh am Morgen
프뤼- 암 모르겐

spät am Abend
슈피-ㅌ 암 아-벤트

나그네 길은 쓰라리고 외로운 것. -한국속담-

요일

월요일	Montag	모-ㄴ타-ㅋ
화요일	Dienstag	디-ㄴ스타-ㅋ
수요일	Mittwoch	밋복흐
목요일	Donnerstag	돈너스타-ㅋ
금요일	Freitag	프라이타-ㅋ
토요일	Sonnabend	존아-벤트
	Samstag	잠스타-ㅋ
일요일	Sonntag	존타-ㅋ

월

1월	Januar	야누아
2월	Februar	페-브루아
3월	März	메르쯔
4월	April	아프릴
5월	Mai	마이
6월	Juni	유-니

수·시간
계절·색

주말	das Wochenende	다스 복헨엔데
공휴일	ein Feiertag	아인 파이어타-ㅋ
근무일에	werktags	베르크타-ㅋ스
매일	jeden Tag	예덴 타-ㅋ
오늘	heute	호이테
내일	morgen	모르겐
어제	gestern	게스턴
금주	diese Woche	디-제 복헤
다음 주	nächste Woche	낵스테 복헤
지난주	letzte Woche	렛츠테 복헤

7월	Juli	유-ㄹ리
8월	August	아우구스트
9월	September	젭템버
10월	Oktober	옥토-버
11월	November	노벰버
12월	Dezember	데쩨ㅁ버

계절과 날씨

봄　　　Frühling 프뤼-ㄹ링
여름　　Sommer 좀머

스키철은　언제 시작됩니까?

고기잡이철은

사냥철은

날씨가 어떻습니까?

추운　날씨입니다.

건조한

궂은 / 비오는

습기가 많은

더운

수·시간 계절·색

| 가을 | Herbst 헵스트 |
| 겨울 | Winter 빈터 |

Wann beginnt die Ski-Saison?
반 베긴트 디- 쉬-세송

Fischfangsaison
피쉬팡세송

Jagdsaison
야-크트세송

Wie ist das Wetter?
비- 이스트 다스 베터

Es ist kalt.
에스 이스트 칼트

trocken
트로켄

naß
낫스

feucht
포이히트

heiß
하잇스

계절과 날씨

내일 날씨가 어떨까요?

내일은 기막힌 날씨가 될 것입니다.

  맑은

  구름 낀

  서늘한

  추운

  안개 낀

  비 오는

  바람 부는

눈이 올 것입니다.

얼음이 얼

우박이 내릴

뇌우가 올

수·시간
계절·색

Wie wird das Wetter morgen sein?
비- 비어트 다스 베터 모르겐 자인

Wir werden morgen <u>herrliches</u> Wetter haben.
비어 베르덴 모르겐　　헤얼리헤서　　베터 하-벤

klares
클라레스

bewölktes
베뵐크테스

kühles
퀴-르레스

frostiges
프로스티게스

nebliges
네-블리게스

regnerisches
레-그너리쉐스

windiges
빈디게스

Es wird <u>schneien</u>.
에스 비어트　슈나이엔

frieren
프리-렌

hageln
하-겔른

ein Gewitter geben
아인 게비터 게-벤

계절과 날씨

좋은 날입니다.

비 오는

강한 바람이 부는

눈 오는

Wir haben einen schönen Tag.
비어 하-벤   아이넨 쇠-넨 타-ㅋ

Regen
레-겐

starken Wind
슈타르켄 빈트

Schnee
슈나-

tip

독일의 시차

우리나라보다 8시간이 늦고 3월 마지막 일요일부터 9월 마지막 일요일까지의 섬머타임 실시기간에는 7시간 늦다. 섬머타임을 실시하지 않을 때 기준으로 서울이 정오이면 독일은 새벽 4시이다.

기후

북서부지역은 해양성기후, 남동부는 대륙성기후를 나타낸다. 전반적으로 겨울은 한랭하며, 여름은 온화하나 변덕스러운 날씨를 보인다. 봄이 대체로 늦게 오므로 여름이 짧은 편이다. 12월부터 3월까지의 겨울은 라인강이 얼정도로 추위가 혹독하다. 청명한 날씨는 해안지역은 4~5월, 내륙지역은 6~9월에 볼 수 있다.
6월까지는 샤프트케르테라 불리우는 추운날이 종종 급습하며, 연중 갑자기 비오는 날이 많다. 여름에는 가장 더운 달의 기온이 북부의 경우 17~18℃, 남부는 25℃로 서늘한 편이다.
여름철에는 간단한 스웨터를, 봄·가을에는 따뜻한 자켓을, 그리고 겨울철에는 두꺼운 코트를 준비하는 것이 좋다.

색

이 색깔이 제 마음에 듭니다.

빨간

파란

노란

흰

검은

초록의

보라색의

수·시간 계절·색

Mir gefällt diese Farbe.
미어 게펠트 디-제 파르베

rot
로-트

blau
블라우

gelb
겔프

weiß
바이쓰

schwarz
슈바르쯔

grün
그뤼-ㄴ

purpurn
푸르푸언

색

갈색의

장미색의

회색의

어두운 녹색의

밝은 푸른색의

braun
브라운

rosa
로-자

grau
그라우

dunkelgrün
둥캘그뤼-ㄴ

hellblau
헬블라우

여행과 변화를 사랑하는 사람은 생명이 있는 사람이다.
-바그너-

Part 3
상황표현

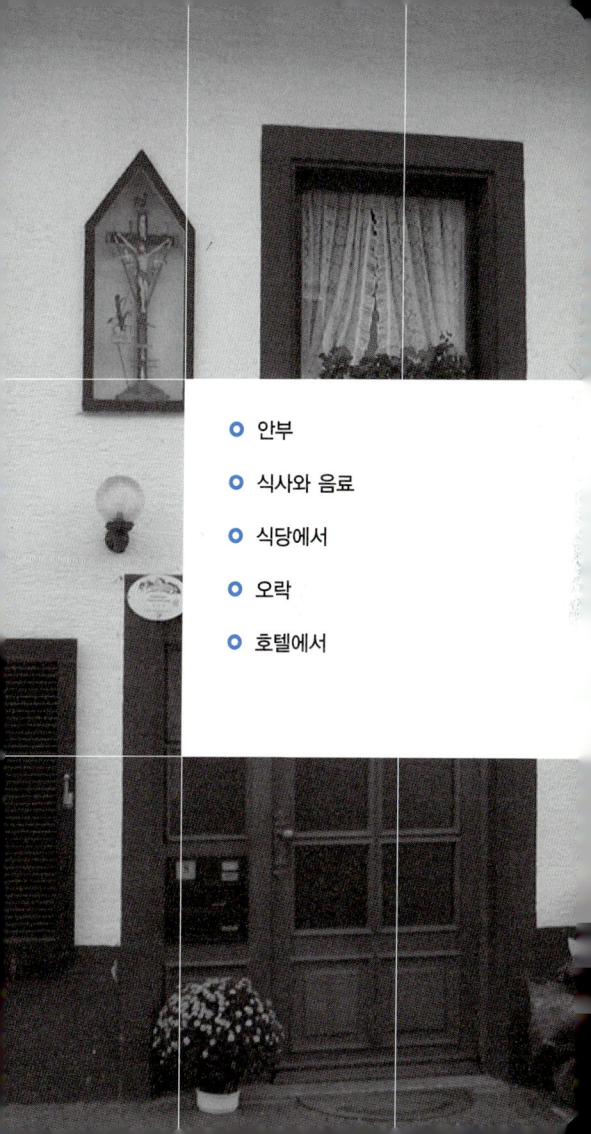

- 안부
- 식사와 음료
- 식당에서
- 오락
- 호텔에서

안부

무슨 일입니까?

무슨 일입니까?

(몸이) 괜찮습니까?

춥습니다.
덥

저는 배가 고픕니다.

    목이 마릅니다

    피곤합니다

    화가 납니다

    행복합니다

    슬픕니다

상황 표현

Was ist los?
바스 이스트 로-스

Was gibt's?
바스 깁츠

Ist mit Ihnen alles in Ordnung?
이스트 밑 이-넨 알레스 인 오르드눙

Mir ist kalt.
미어 이스 칼트
       heiß
       하잇스

Ich bin hungrig.
이히 빈 훙리히
    durstig
    두르스티히
    müde
    뮈-데
    wütend
    뷔-텐트
    glücklich
    글뤽클리히
    traurig
    트라우리히

안부

저는 잘 지냅니다.

절 내버려 두세요.

상황 표현

Mir geht's gut.
미어 게-츠 구-트

Lassen Sie mich in Ruhe.
랏센 지- 미히 인 루-에

독일의 축제

① 1월 1일 : Neujahr(설날)
② 4월 : 부활절
③ 5월 1일 : 노동절
④ 5월 24일(23일) : 그리스도 승천 축일
⑤ 6월 3~4일(2~3일) : 성령 강림 축일
⑥ 6월 17일 : 독일 통일의 날
⑦ 10월 3일 : 독일 통일의 날
⑧ 11월 1일 : 만성절
⑨ 11월 21일(20일) : 속죄일
⑩ 12월 25일 : 크리스마스

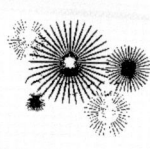

식사와 음료

시장이 어디에 있습니까?

야채가게가 어디에 있습니까?

슈퍼마켓이

빵가게가

정육점이

과일 좀 주세요.

사과

바나나

버찌

대추

포도

레몬

상황 표현

Wo ist der Marktplatz?
보- 이스트 데어 마르크트플랏츠

Wo finde ich einen Gemüseladen?
보 핀데 이히 아이넨 게뮈-제라-덴

einen Supermarkt
아이넨 주퍼마르크트

einen Bäckerei
아이넨 백커라이

einen Fleischerei
아이넨 플라이셔라이

Ich hätte gern etwas Obst.
이히 해태 게른 엣바스 옵스트

Äpfel
앱펠

Bananen
바나-넨

Kirschen
키르셴

Datteln
닷텔른

Trauben
트라우벤

Zitronen
찌트로-넨

식사와 음료

망고

오렌지

복숭아

배

파인애플

자두

건포도

산딸기

딸기

오히려 채소를   좀 사려고 합니다.

      브로콜리를

      배추를

      당근을

Mangos
망고–스

Orangen
오랑줴ㄴ

Pfirsiche
피르지헤

Birnen
비르넨

Ananas
아나나스

Pflaumen
플라우멘

Rosinen
로지–넨

Himbeeren
힘베–렌

Erdbeeren
에르드베–렌

Aber ich hätte lieber Gemüse.
아–버 이히 해태 리–버 게뮈–제

Brokkoli
브로콜리

Kohl
코–ㄹ

Karotten
카로텐

식사와 음료

콜리플라워를

오이를

상추를

버섯을

양파를

완두콩을

피망을

감자를

푸른 콩을

토마토를

순무를

고기 좀 주세요.

베이컨

상황 표현

Blumenkohl
블루멘코-ㄹ
Gurken
구르켄
Blattsalat
블랏트잘라-ㅌ
Pilze
필쩨
Zwiebeln
쯔비-벨른
Erbsen
에릅센
Paprika
파프리카
Kartoffeln
카토펠른
grüne Bohnen
그뤼-네 보-넨
Tomaten
토마-텐
Rüben
류-벤

Ich hätte gern Fleisch.
이히 해태 게른 플라이쉬

Schinkenspeck
슁켄슈펙

식사와 음료

불고기용 소고기

소간

닭고기

햄

양고기

돼지고기

소세지

송아지고기

해산물 좀 주세요.

조개

게

생선

소금에 저린 청어

상황 표현

Rinderbraten
린더브라-텐

Kalbsleber
칼프스리-버

Hühnerfleisch
휘-너플라이쉬

Schinken
슁켄

Hammelfleisch
함멜플라이쉬

Schweinefleisch
슈바이네플라이쉬

Wurst
부어스트

Kalbsfleisch
칼프스플라이쉬

Ich möchte Fisch.
이히 뫼히테   피쉬

Muscheln
무쉘른

Krabben
크라벤

Fisch
피쉬

Salzheringe
잘쯔헤링에

식사와 음료

바닷가재

굴

연어

기름에 저장한 정어리

새우

<u>흰빵을</u>　사야 합니다.

버터를

케익을

사탕을

스위스산 치즈를

초콜릿을

커피를

크림을

Hummer
훔머
Austern
아우스턴
Lachs
락스
Ölsardinen
외-ㄹ사르딘
Krabben
크라벤

Ich muß ein Weißbrot kaufen.
이히 뭇스 아인 바이쓰브로-트 카우펜
Butter
붓터
Kuchen
구헨
Süßigkeiten
쥐-씨히카이텐
Schweizer Käze
슈바이쩌 캐-제
Schokolade
쇼콜라-데
Kaffee
카페-
Sahne
자-네

식사와 음료

달걀을

우유를

우유에 말아 먹는 밥을

쌀을

신선한 작은 빵을

병에 든 물을

탄산이 든 물을

1파운드 주시겠습니까?

1킬로그램

12개

1상자

1병

1갑

Eier
아이어

Milch
밀히

Milchreis
밀히라이스

Reis
라이스

frische Brötchen
프리쉐 브뢰-첸

Quellwasser in Flaschen
크벨밧서 인 플라쉔

Selterswasser
젤터스밧서

Kann ich <u>ein Pfund</u> haben?
간 이히 　아인 푼트　　하-벤

ein Kilogramm
아인 킬로그람

ein Dutzend
아인 두젠트

ein Paket
아인 파킷

eine Flasche
아이네 플라쉐

eine Schachtel
아이네 샤흐텔

식사와 음료

2리터

2조각

곱배기

상황 표현

zwei Liter
쯔바이 리터

zwei Stück
쯔바이 슈튁

eine große Portion
아이네 그로-쎄 포르치오-ㄴ

---

tip

독일요리
(Deutsche Kueche)

독일하면 바로 소시지만을 떠올리는 경향이 있지만 실은 많은 종류의 요리가 있다. 보기에는 상당히 투박한 인상을 주지만, 재료의 맛을 잘 살린 아기자기한 요리가 많다.

대표적인 독일 요리
- 슈니첼(Schnitzel) : 얇게 썬 고기의 독일풍 커틀릿
- 슈바이네 학세(Schweine Haxe) : 돼지 정강이고기 구이
- 슈바이네브라텐(Schweinebraten) : 돼지고기 로스트
- 마리니르터 헤링(Marinierter Hering) : 청어 절임
- 자우어브라텐(Sauerbraten) : 절임 쇠고기 로스트

식당에서

좋은 식당이   어디에 있습니까?

싼 식당이

대표적인 식당이

저는 창가에   앉고 싶습니다.

　　금연석에

저는 저지방   음식만 먹습니다.

　　채소로 된

메뉴표   좀 볼 수 있습니까?

포도주 목록

이 포도주 한 병   주세요.

　　　반 병

상황 표현

Wo kann ich ein gutes Restaurant finden?
보– 칸 이히 아인 구–태 레스토랑 핀덴

ein billiges Restaurant
아인 빌리게스 레스토랑

ein typisches Restaurant
아인 튀–피쉐스 레스토랑

Ich sitze lieber am Fenster.
이히 짓쩨 리–버 암 펜스터

in der Ecke für Nichtraucher
인 데어 엑케 피어 니히트라욱허

Ich esse nur fettarme Kost.
이히 엣세 누어 펫아르메 코스트

vegetarische
베게타리쉐

Kann ich die Speisekarte sehen?
칸 이히 디– 슈파이제카르테 제–엔

die Weinkarte
디– 바인카르테

Bitte eine Karaffe von diesem Wein.
비테 아이네 카라페 폰 디–젬 바인

eine halbe Karaffe
아이네 할베 카라페

111

식당에서

칼 좀 가져다 주세요.

포크

숟가락

찻숟가락

접시

냅킨

잔

대접

포도주 잔

소금

후추

설탕

식초

상황 표현

Bitte bringen Sie mir ein Messer.

비테 브링엔 지- 미어   아인 멧서

eine Gabel
아이네 가벨

einen Löffel
아이넨 뢰펠

einen Teelöffel
아이넨 티-뢰펠

einen Teller
아이넨 텔러

eine Serviette
아이네 제르비에테

eine Tasse
아이네 탓세

eine Schüssel
아이네 쉿셀

ein Weinglas
아인 바인글라 스

Salz
잘쯔

Pfeffer
페퍼

Zucker
쭈커

Essig
엣시히

식당에서

차 한 잔   주시겠습니까?

커피 한 잔

담황색 맥주 한 잔

짙은색 맥주 한 잔

백포도주 한 잔

적포도주 한 잔

샴페인 한 병

레모네이드   드시겠습니까?

과일주스

콩수프   주세요.

전채

샐러드

수프

상황 표현

Kann ich bitte ein Glas Tee haben?
칸 이히 비테 아인 글라-스 티- 하-벤

eine Tasse Kaffee
아이네 탓세 카피-

ein Helles
아인 헬레스

ein Dunkles
아인 둥클레스

ein Glas Weißwein
아인 글라-스 바이쓰바인

ein Glas Rotwein
아인 글라-스 로-트바인

eine Flasche Sekt
아이네 플라쉐 젝트

Möchten Sie Limonade?
뫼히텐 치- 리모나-데

Saft
자프트

Ich hätte gern Bohnensuppe.
이히 해태 게른 보-넨주페

Vorspeise
포어슈파이제

Salat
잘라-트

Suppe
주페

115

식당에서

주요리

오늘의 특별요리

설 익힌 스테이크를 원하십니까?

반쯤 익힌

완전히 익힌

후식으로 딸기아이스크림 주세요.

거품이 이는 크림을 곁들인 사과과자

신선한 과일 좀

계산서 좀 가져다 주세요.

보통 팁은 얼마나 줍니까?

상황 표현

das Hauptgericht
다스 하웁트게리히트

die Spezialität vom Tage
디- 슈페찌알리태-트 폼 타-게

Möchten Sie Ihr Steak halbgar?
뫼히텐 지- 이-어 스테-크 할프가-

halb durchgebraten
할프 두르히게브라-텐

ganz durchgebraten
간쯔 두르히게브라-텐

Zum Nachtisch hätte ich gern Erdbeereis.
쭘 나흐티쉬 해태 이히 게른 에르트베-어아이스

Apfelstrudel mit Schlagsahne
아펠슈트루-델 밑 슐락자-네

etwas frisches Obst
엣바스 프리쉐스 옵스트

Bringen Sie mir bitte die Rechnung.
브링엔 지- 미어 비테 디- 레히눙

Was gibt man als Trinkgeld?
바스 깁트 만 알스 트링겔트

오락

극장에 가고 싶습니다.

음악회에

오페라 보러

영화관에

축구장에

박물관에

우리는 도시를 관광하고 싶습니다.

어디서 골프를 칠 수 있습니까?

　　　　테니스를

　　　　스케이트를 (탈 수 있습니까?)

　　　　스키를

상황 표현

Ich möchte gern ins Theater gehen.
이히 뫼히테 게른 인스 테아터 게-엔

in ein Konzert
인 아인 콘쩨르트

in die Oper
인 디- 오-퍼

ins Kino
인스 카-노

auf den Fußballplatz
아우프 덴 푸-스발플랏츠

ins Museum
인스 무제-움

Wir möchten gerne die Stadl sehen.
비어 뫼히텐 게르네 디- 슈탓트 제-엔

Wo können wir Golf spielen?
보- 쾌느넨 비어 골프 슈피-렌

Tennis spielen
테니스 슈피-렌

Schlittschuh laufen
슐릿슈- 라우펜

Ski fahren
쉬- 파렌

오락

이 도시에 <u>실내수영장이</u> 있습니까?

　　　　야외수영장이

<u>해변으로</u> 어떻게 갑니까?

산속으로

바닷가로

시골로

우리 사진 좀 찍어주시겠습니까?

<u>댄스홀에</u> 가실 의향이 있습니까?

디스코장에

큰 포도주 축제에

포수축제에

맥주집에

상황 표현

Hat die Stadt ein Hallenschwimmbad?
핫 디- 슈타트 　 아인 할렌슈빔바-트

ein Freibad
아인 프라이바-트

Wie kommen wir an den Strand?
비- 콤멘 비어 　 안 덴 슈트란트

in die Berge
인 디- 베르게

an die See
안 디- 자-

aufs Land
아웁스 란트

Können Sie bitte eine Aufnahme von uns machen?
쾌넨 지- 비테 아이네 아우프나-메 폰 운스 막헨

Haben Sie Lust, ins Tanzlokal zu gehen?
하-벤 지- 루스트 　 인스 탄쯔로카-르 쭈 게-엔

zur Diskothek
쭈어 디스코테-크

zum großen Weinfest
쭘 그로-쎈 바인페스트

zum Schützenfest
쭘 슛첸페스트

zur Bierhalle
쭈어 비-어할레

오락

금요일에 두 좌석을 예약해 주십시오.

중간가격대 표 2장을 구할 수 있을까요?

<u>가장 비싼</u> 좌석은 얼마입니까?
가장 싼

모든 입장권이 매진되었습니다.

<u>공연이</u> 몇 시에 시작됩니까?
여행이

어떤 영화가 오늘 저녁에 상영됩니까?

상황 표현

Bitte reservieren Sie zwei Plätze für Freitag.
비테 레저비어렌 지- 쯔바이 플랫체 퓌어 프라이타-ㅋ

Kann ich zwei Karten in der mittleren Preislage haben?
칸 이히 쯔바이 카르텐 인 데어 밋틀러랜 프라이슬라-게 하-벤

Was kosten die teuersten Plätze?
바스 코스텐   디- 토이어스텐   플랫체
die billigsten
디- 빌리히스텐

Alle Karten sind ausverkauft.
알레 카르텐 진트 아우스페어카웊트

Um wieviel Uhr beginnt das Stück?
움 비-피-ㄹ 우-어 베긴트   다스 슈틱
die Tour
디- 투-어

Was für ein Film wird heute abend gespielt?
바스 퓌어 아인 필름 비어트 호이테 아-벤트 게슈피-르트

호텔에서

방 하나를 예약하고 싶습니다.

3인이 쓸 방 하나를 예약했습니다.

2인용 방이 얼마입니까?

1인용 방이

욕실이 딸린 방이 있나요?

샤워기가 딸린

에어컨을 갖춘

일주일치 총액이 얼마입니까?

한 달치

아침식사가 포함됩니까?

상황 표현

Ich möchte ein Zimmer reservieren.
이히 뫼히테 아인 찜머 리저비어렌

Ich habe ein Zimmer für drei Personen vorbestellt.
이히 하-베 아인 찜머 퓌어 드라이 페어조-넨 포어베슈텔트

Was kostet ein Doppelzimmer?
바스 코스텟 아인　　도펠찜머

　　　　　　　　Einzelzimmer
　　　　　　　　아인쩨르찜머

Kann ich ein Zimmer mit Bad haben?
칸 이히 아인 찜머 밑　　　　바-트 하-벤

　　　　　　　　　　Dusche
　　　　　　　　　　두셰

　　　　　　　　　　Klima-Anlage
　　　　　　　　　　클리-마안라-게

Was ist die Pauschale für eine Woche?
바스 이스트 디- 파우샤-르레 퓌어　아이네 복헤

　　　　　　　　　　　　　　einen Monat
　　　　　　　　　　　　　　아이넨 모-나트

Ist das inklusive Frühstück?
이스트 다스 인클루지베 프뤼-슈튁

호텔에서

저는 4일 밤 묵을 것입니다.

더 좋은   방을 주세요.

더 싼

더 큰

더 작은

더 조용한

이 숙박기록부에 (인적사항을)
써 주시겠습니까?

제 대신 좀 해 주실 수 있습니까?

성함이 어떻게 되십니까?

상황 표현

Ich werde vier Nächte bleiben.
이히 베르데 피어 낵히테 블라이벤

Ich hätte gern ein besseres Zimmer.
이히 해태 게른 아인 　　벳서레스 　찜머

billigeres
빌리거레스

größeres
그뢰-써레스

kleineres
클라이너레스

ruhigeres
루-이거레스

Würden Sie bitte dieses Formular ausfüllen?
뷔르덴 지- 비테 디-제스 포르물라 아우스퓔렌

Könnten Sie das bitte für mich tun?
쾨ㄴ텐 지- 다스 비테 퓌어 미히 투-ㄴ

Wie ist Ihr Name bitte?
비- 이스트 이-어 나메 비테

호텔에서

주소가 어떻게 됩니까?

여행 목적지가 (어디입니까?)

직업이 (무엇입니까?)

언제 태어나셨습니까?

어디서

6시에 저를 깨워 주십시오.

제 방 열쇠를 받을 수 있을까요?

제 방이 몇 층에 있습니까?

엘리베이터를 타십시오.

상황 표현

Was ist Ihre Adresse?
바스 이스트 이-레 아드렛세

Ihr Reiseziel
이-어 라이제찌-ㄹ

Ihr Beruf
이-어 베루-ㅍ

Wann sind Sie geboren?
반 진트 지- 게보-렌

Wo
보-

Bitte wecken Sie mich um sechs Uhr.
비테 벡켄 지- 미히 움 젝스 우-어

Kann ich einen Schlüssel zu meinem Zimmer haben?
칸 이히 아이넨 슐륏셀 쭈 마이넴 찜머 하-벤

In welchem Stock ist mein Zimmer?
인 벨헴 슈톡 이스트 마인 찜머

Nehmen Sie den Fahrstuhl.
네-멘 지- 덴 파-슈투-르

호텔에서

뜨거운 물이 없습니다.

약간의 얼음이 필요합니다.

베게가 하나 더

얼음물이

다리미가

전구가

이불이

샴푸가

비누가

화장지가

수건이

언제 저녁식사용 빵이 제공됩니까?

Es gibt kein heißes Wasser.
에스 깁트 카인 하이쎄스 밧서

Ich brauche etwas Eis.
이히 브라욱헤   엣바스 아이스

noch ein Kopfkissen
노흐 아인 콥키쎈

Eiswasser
아이스밧서

ein Bügeleisen
아인 뷔겔아이젠

eine elektrische Birne
아이네 엘렉트리쉐 비르네

eine Decke
아이네 덱케

ein Schampun
아인 샴푸ㄴ

Seife
자이페

Toilettenpapier
토아렛텐파피-어

ein Handtuch
아인 한투흐

Wann wird das Abendbrot serviert?
반 비어트 다스 아-벤트브로-트 제르비어트

호텔에서

이것 좀 세탁해 주십시오.

아침식사를 위한 방이   어디에 있습니까?

동전을 사용하는 세탁소가

미용실이

이발소가

그것을 언제 돌려받을 수 있습니까?

저는 오늘 떠납니다.

저는 내일 돌아옵니다.

제 계산서 좀 볼 수 있을까요?

상황 표현

Bitte lassen Sie diese Sachen waschen.
비테 랏센 지- 디-제 작헨 바쉔

Wo ist das Frühstückszimmer?
보- 이스트 다스 프뤼-슈틱스찜머

die Münzwäscherei
디- 뮌쯔배셔라이

der Damenfriseur
데어 다-멘프리죄-어

der Friseursalon
데어 프리죄-어살롱

Wann kann ich sie züruckhaben?
반 칸 이히 지- 쭈뤽하-벤

Ich reise heute ab.
이히 라이제 호이테 압

Ich werde morgen zurücksein.
이히 베르데 모르겐 쭈뤽자인

Kann ich bitte meine Rechnung haben?
칸 이히 비테 마이네 레히눙 하-벤

호텔에서

지배인과 이야기 좀 할 수 있을까요?

택시 좀 불러주세요.

상황 표현

Kann ich mit dem Geschäftsführer sprechen?
칸 이히 밑 뎀 게쉐프츠퓌-러 슈프레헨

Bitte beschaffen Sie mir ein Taxi.
비테 베샤펜 지- 미어 아인 탁시

tip

독일의 맥주(Bier)

독일하면 역시 맥주. 뮌헨을 중심으로 한 바이에른 지방, 북쪽의 함부르크, 도르트문트가 3대 산지로 유명하다.

대표적인 맥주
- 필스너(Pilsner) : 거품이 부드럽고 짜릿헌 맛
- 쾰쉬(Koelsch) : 황색의 옅은 빛깔로 산뜻한 맛
- 둔켈(Dunkel) : 흑맥주의 대표격. 알콜 도수가 높다.
- 베틀리너바이제(Berliner Weisse) : 신맛이 있는 맥주
- 라우흐비어(Raucher) : 다갈색의 쓴 맛

와인(Wein)

독일은 포도재배의 북쪽 한계지이다. 천천히 미네랄을 흡수한 포도에서 생산된 와인의 맛은 무엇과도 비교할 수 없는 고귀한 향을 지닌다. 생산량의 80% 이상이 백포도주로 입안에 퍼지는 깊은 맛이 특징이다.

Part 4
통신 · 은행

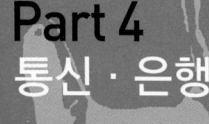

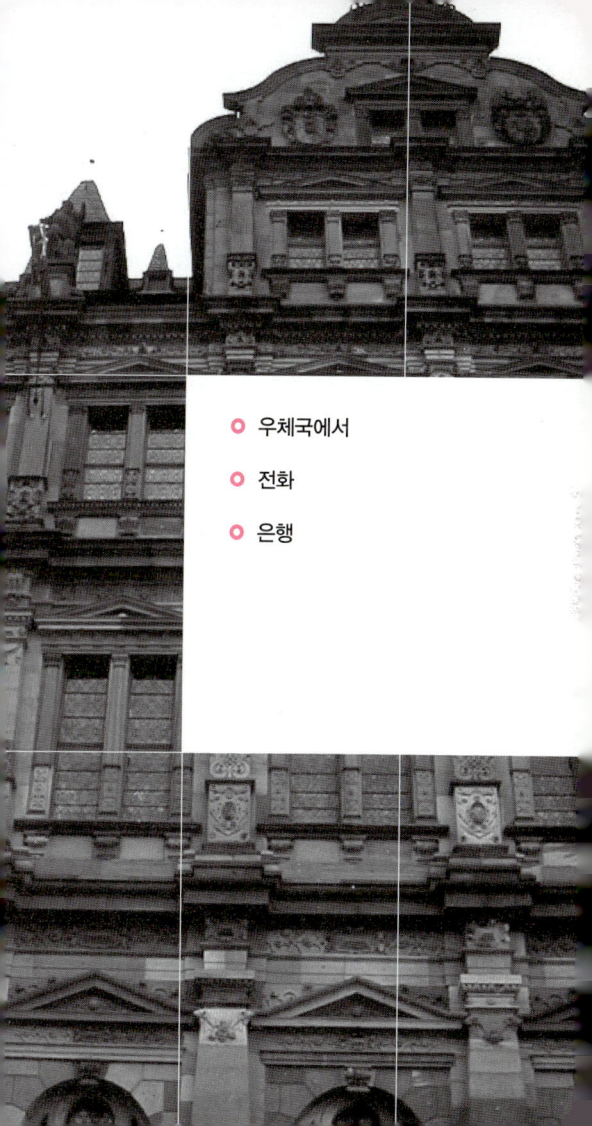

- 우체국에서
- 전화
- 은행

우체국에서

편지 좀 제 대신 부쳐 주시겠습니까?

이 편지를 등기로 보내고 싶습니다.

　　　　항공우편으로

　　　　속달로

　　　　보험에 들어서

얼마입니까?

7마르크 15페니히입니다.

우표 좀 주세요.

통신·은행

Können Sie diese Briefe für mich aufgeben?
쾌느넨 자- 디-제 브리-페 퓌어 미히 아우프게-벤

Ich möchte diesen Brief
이히 뫼히테 디-젠 브리-ㅍ

per Einschreiben schicken.
페어 아인슈라이벤   쉭켄

per Luftpost
페어 루프트포스트

per Eilboten
페어 아일보-텐

versichert
페어지허르트

Wieviel kostet das?
비-피-ㄹ 코스텟 다스

Sieben Mark und fünfzehn Pfennig.
자-벤 마르트 운트 퓐프제-ㄴ 페니히

Ich hätte gerne Briefmarken.
이히 해태 게르네 브리-ㅍ마르켄

우체국에서

항공 엽서 몇 장 주세요.

전보[팩스]를 한국으로 보내고 싶습니다.

그것이 언제 도착할까요?

한국에서 돈이 오기로 되어 있습니다.

도착했습니까?

통신·은행

Geben Sie mir bitte einige Luftpostleichtbriefe.
게-벤 지- 미어 비테 아이니게 루프트포스트라이히트브리-페

Ich möchte gern ein Telegramm[Telefax] nach Korea senden.
이히 뫼히테 게른 아인 텔레그람[텔레팍스] 나흐 코레아 젠덴

Wann kommt es an?
반 콤트 에스 안

Ich erwarte Geld aus Korea.
이히 에어바르테 겔트 아우스 코레아

Ist es schon angekommen?
이스트 에스 쇼-ㄴ 안게콤멘

여행하는 것은 보기 위한 것이다. -탄자니아 속담-

전화

전화 좀 사용해도 될까요?

전화번호부

함부르크의 지역번호가 무엇입니까?

제 대신 이 전화번호로 전화 좀 걸어 주시겠습니까?

교환을 연결해 주십시오.

한국으로 수신자 부담 통화를 신청하고 싶습니다.

잠깐만 기다리세요.

통신·은행

Darf ich Ihr Telephon benutzen?
다르프 이히 이-어 텔레포-ㄴ 베눗쩨ㄴ

das Telephonbuch
다스 텔레포-ㄴ부흐

Was ist die Vorwahl für Hamburg?
바스 이스트 포어바-ㄹ 퓌어 함부르크

Würden Sie bitte diese Nummer für mich wählen?
뷔르덴 지- 비테 디-제 누머 퓌어 미히 배-ㄹ렌

Das Fernamt bitte.
다스 페른암트 비테

Ich möchte gern ein R-Gespräch nach Korea anmelden.
이히 뫼헤테 게른 아인 에르게슈프레히 나흐 코레아 안멜덴

Einen Augenblick.
아이넨 아우겐블릭

전화

여보세요?

하이케와 통화할 수 있을까요?

전데요.

말씀하시는 분이 누구십니까?

그녀는 언제 돌아옵니까?

그는 언제 돌아옵니까?

안녕히 계십시오.

통신·은행

Hallo?
할로

Kann ich mit Heike sprechen?
칸 이히 밑 하이케 슈프레헨

Am Apparat!
암 아파라-트

Wer spricht da?
베어 슈프리히트 다

Wann kommt sie zurück?
반 콤트 지- 쭈뤽

Wann kommt er zurück?
반 콤트 에어 쭈뤽

Auf Wiederhören.
아우프 비-더회-렌

은행

가장 가까운 은행이 어디에 있습니까?

이 달러화를 독일 마르크로 바꿔 주십시오.

스위스 프랑으로

오스트리아 실링으로

유로화로

환율이 어떻게 됩니까?

신용카드를 받습니까?

여행자수표를

자기앞수표를

통신 은행

Wo ist die nächste Bank?
보- 이스트 디- 낵스테 방크

Bitte wechseln Sie diese Dollar-Scheine in
비테 백셀른 지- 디-제 돌라샤이네 인

D-Mark um.
데- 마르크 움

schweizer Franken
슈바이쩌 프랑켄

österreichische Schillinge
외스터라이히셰 쉴링에

Euro
오이로

Was ist der Kurs?
바스 이스트 데어 쿠르스

Nehmen Sie Kreditkarten an?
네-멘 지- 크레디카르텐 안

Reiseschecks
라이제쉑스

persönliche Schecks
페어죄-ㄴ리헤 쉑스

147

은행

동전으로 바꿔 주십시오.

제 신용카드를 근거로 현금 선불을 받고 싶습니다.

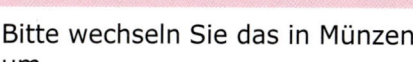

Bitte wechseln Sie das in Münzen um.

비테 벡셀른 지- 다스 인 뮌쩨ㄴ 움

Ich hätte gern einen Vorschuß in bar auf meine Kreditkarte.

이히 해태 게른 아이넨 포어슈스 인 바- 아우프 마이네 크레디트카르테

독일의 통화

통화 단위는 유로(Euro)로 2002년 3월부터 도이치 마르크(Deutschmark) 대신 전면 사용되었다. 동전주화는 1, 2, 5, 10, 20, 50 유로센트 그리고 1, 2 유로 8종이며, 지폐는 5, 10, 20, 50, 100, 200, 500 유로 7가지가 있으며 구분을 편하게 하기 위해 지폐의 종류에 따라 색깔을 달리하고 있다. 100유로 이상의 고액 지폐는 사용을 거절당할 수 있으니 최고 100유로짜리로 환전을 하는 것이 좋다. 유럽 각국에서 사용할 수 있는 유로체크, 여행자 수표, 크레디트 카드가 거의 전역에서 통용된다.

전화

대부분의 독일 전화기는 전화카드가 있어야만 사용할 수 있다. 시내통화의 경우 상대방 전화번호만 누르면 된다. 시내통화 기본요금은 1통화에 0.10유로다. 공중전화를 사용하는 경우가 아닌 호텔에서 걸 경우에는 3배정도 요금이 비싸진다. 시내통화의 경우 야간, 주말, 축제일에는 할인을 받을 수 있다.

Part 5
교통기관

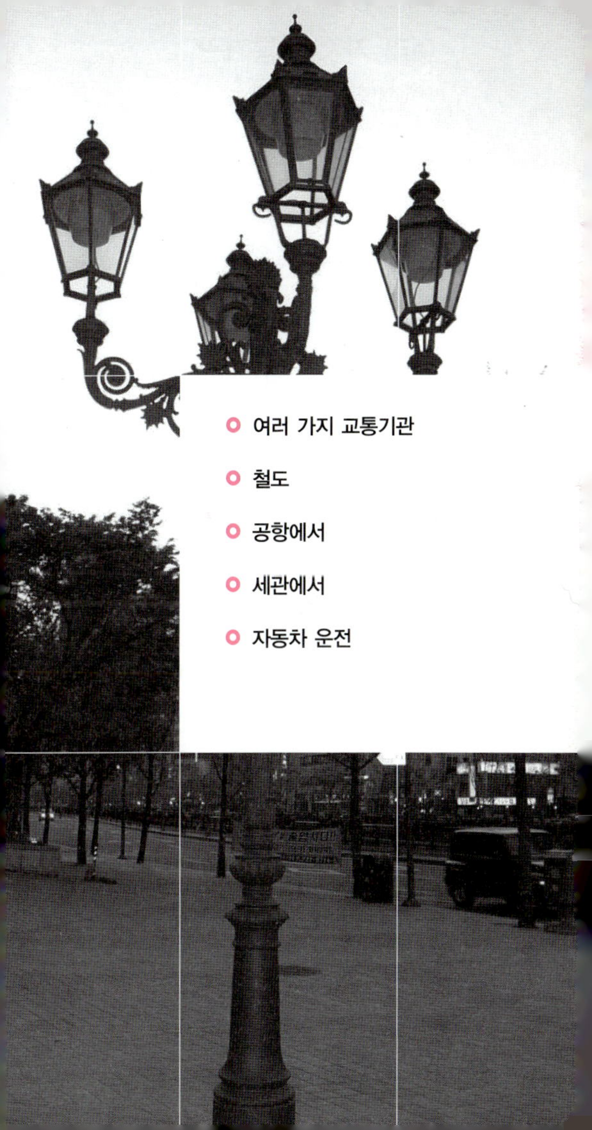

- 여러 가지 교통기관
- 철도
- 공항에서
- 세관에서
- 자동차 운전

여러 가지 교통기관

좋은 여행되길 빕니다.

택시는 어디에서 탈 수 있습니까?

버스정류장이 어디에 있습니까?

1주일용 정기승차권을   살 수 있습니까?

한달용 정기승차권을

학생용 1주일 승차권을

경로 승차권을

버스운행 시간표는 어디서 받을 수 있습니까?

여행사로 가는 길을 가르쳐 주시겠습니까?

교통 기관

Gute Reise!
구-테 라이제

Wo kann ich ein Taxi bekommen?
보- 칸 이히 아인 탁시 베콤멘

Wo ist eine Bushaltestelle?
보 이스트 아이네 부스할테슈텔레

Kann ich eine Wochenkarte kaufen?
칸 이히 아이네 보헨카르테 카우펜
　　　eine Monatskarte
　　　아이네 모-나츠카르테
　　　eine Schülerwochenkarte
　　　아이네 쉬-ㄹ러보헨카르테
　　　eine Seniorenkarte
　　　아이네 제뇨-렌카르테

Wo bekomme ich einen Busfahrplan?
보- 베콤메 이히 아이넨 부스파-플란

Können Sie mir den Weg zu einem Reisebüro zeigen?
쾌넨 지- 미어 덴 베-ㄱ 쭈 아이넴 라이제뷰로- 차이겐

153

여러 가지 교통기관

저는 시내 가이드 여행에 관심이 있습니다.

어떤 관광여행이 있습니까?

차를   어디에서 빌릴 수 있습니까?
자전거를

가장 가까운 지하철역으로 어떻게
가야 합니까?

여기서 걸어서 5분 걸립니다.

지하철 몇 호선이 시청으로 갑니까?

지하철 운행 시간표 좀 주세요.

교통 기관

Ich bin an einer Stadtführung interessiert.
이히 빈 안 아이너 슈탓트퓌-룽 인테레시어트

Was für Ausflugsfahrten haben Sie anzubieten?
바스 퓌어 아우스플룩스파-르텐 하-벤 지- 안쭈비-텐

Wo kann ich ein Auto mieten?
보- 칸 이히   아인 아우토   미-텐

ein Fahrrad
아인 파-랏

Wie komme ich zur nächsten U-Bahnstation?
비- 콤메 이히 쭈어 넥스텐 우-바-ㄴ슈타치오-ㄴ

Von hier aus sind es etwa fünf Minuten zu Fuß.
폰 히어 아우스 진트 에스 엣바 퓐프 미누-텐 쭈 푸-스

Welche U-Bahnlinie fährt zum Rathaus?
벨헤 우-바-ㄴ리니에 패-어트 쭘 라-타우스

Ich hätte gern einen Fahrplan für die U-Bahn.
이히 해태 게른 아이넨 파-플란 퓌어 디- 우-바-ㄴ

155

철도

기차역이 　어디에 있습니까?

안내소가

기차운행 시간표를 얻을 수 있습니까?

저는 본에서 쾰른으로 가려고 합니다.

베를린행 일등석 기차표가 　얼마입니까?

　　　이등석 기차표가

　　　주말왕복표가

　　　휴가기간용 기차표가

　　　왕복표가

교통기관

Wo ist der Bahnhof?
보- 이스트   데어 바-ㄴ호-ㅍ

die Auskunft
디- 아우스쿤프트

Kann ich bitte einen Fahrplan haben?
칸 이히 비테 아이넨 파-플란 하-벤

Ich möchte von Bonn nach Köln fahren.
이히 뫼히테 폰 본 나흐 쾰른 파-렌

Wieviel kostet eine
비- 피-ㄹ 코스텟 아이네

Fahrkarte erster Klasse nach Berlin?
파-카르테 에어스터 클랏세   나흐 베얼린

Fahrkarte zweiter Klasse
파-카르테 쯔바이터 클랏세

Sonntagsrückfahrkarte
존타-ㄱ스뤽파-카르테

Ferienkarte
페리언카르테

Rückfahrkarte
뤽파-카르테

철도

이것이 뉘른베르크로 가는 기차입니까?

슈투트가르트로 가는 기차가 언제 출발합니까?

어디에서 출발합니까?

여기가 12번 플랫폼입니까?

킬에서 기차가 언제 도착합니까?

이것이 직행열차   입니까?

    도시 연결 직행열차

    완행여객열차

할증료를 내야 합니까?

교통 기관

Ist dies der Zug nach Nürnberg?
이스트 디-스 데어 쭈-ㄱ 나흐 뉴-른베륵

Wann fährt der Zug nach Stuttgart ab?
반 패-어트 데어 쭈-ㄱ 나흐 슈투트가르트 압

Wo fährt er ab?
보- 패-어트 에어 압

Ist dies der Bahnsteig zwölf?
이스트 디-스 데어 바-ㄴ슈타익 쯔뵐프

Wann kommt der Zug aus Kiel an?
반 콤트 데어 쭈-ㄱ 아우스 키-ㄹ 안

Ist dies ein <u>Schnellzug</u>?
이스트 디-스 아인 슈넬쭈-ㄱ

Intercity Zug

인터시티 쭈-ㄱ

Personenzug

페조-넨쭈-ㄱ

Muß ich Zuschlag bezahlen?
무스 이히 쭈-슐락 베짜-ㄹ렌

철도

이 기차에는 <u>식당칸이</u>　있습니까?

　　　　침대칸이

이 칸은 <u>흡연자</u>　전용칸입니까?

　　비흡연자

이 지역의 이름이 무엇입니까?

기차가 여기에 얼마나 머무릅니까?

교통기관

Hat dieser Zug einen Speisewagen?
핫 디-저 쭈-ㄱ 아이넨   슈파이제바-겐
Schlafwagen
슐라-ㅍ바-겐

Sind diese Abteile für Raucher?
진트 디-제 압타일레 퓌어   라욱허
Nichtraucher
니히트라욱허

Wie heißt dieser Ort?
비- 하이스트 디-저 오르트

Wie lange hat der Zug hier Aufenthalt?
비- 랑에 핫 데어 쭈-ㄱ 히어 아우프엔트할트

여러 곳을 여행한 자만이 지혜롭다.   -아이슬란드 속담-

공항에서

저는 공항으로 가야 합니다.

공항까지 택시 요금은 얼마입니까?

비행기표 판매창구가 어디에 있습니까?

비행기가 언제 이륙합니까?

10번 출구로 어떻게 갑니까?

비행기가 얼마나 연착합니까?

교통기관

Ich muß zum Flughafen.
이히 무스 쭘 플루-ㅋ하-펜

Wieviel kostet ein Taxi zum Flugplatz?
비-피-ㄹ 코스텟 아인 탁시 쭘 플루-ㅋ플랏츠

Wo ist der Flugkartenschalter?
보- 이스트 데어 플루-ㅋ카르텐샬터

Wann fliegt das Flugzeug ab?
반 플리-ㄱ트 다스 플루-ㅋ쪼익 압

Wie komme ich zum Ausgang zehn?
비- 콤메 이히 쭘 아우스강 쩨-ㄴ

Wieviel Verspätung hat das Flugzeug?
비-피-ㄹ 페어슈패-퉁 핫 다스 플루-ㅋ쪼익

여행이란 젊은이들에게는 교육의 일부이며,
연장자들에게는 경험의 일부이다.   -베이컨-

163

세관에서

세관이 어디에 있습니까?

과세품이 없습니다.

제 <u>여행가방을</u> 열어야 합니까?

제 손가방을

제 서류가방을

제 짐가방을

그것은 면세점에서 구입했습니다.

이 선물은 면세품입니까?

제 짐가방을 닫아도 되겠습니까?

교통기관

Wo ist die Zollkontrolle?
보- 이스트 디- 쫄콘트롤레

Ich habe nichts zu verzollen.
이히 하-베 니힛츠 쭈 페어쫄렌

Soll ich meine Reisetasche öffnen?
졸 이히 마이네 라이제타쉐 왜프넨

　meine Handtasche
　마이네 한타쉐

　meine Aktentasche
　마이네 악텐타쉐

　meinen Koffer
　마이넨 코퍼

Ich habe das im zollfreien Laden eingekauft.
이히 하-베 다스 임 쫄프라이엔 라-덴 아인게카웁트

Ist dieses Geschenk zollfrei?
이스트 디-제스 게쉥크 쫄프라이

Kann ich meinen Koffer schließen?
칸 이히 마이넨 코퍼 슐리-쎈

세관에서

이제 가도 되겠습니까?

Kann ich jetzt gehen?
칸 이히 옛츠트 게-엔

여행시기

독일을 방문하기에 가장 좋은 시기는 5~10월 사이로 최상의 날씨를 보이며 스키를 타기 위한 관광객을 제외한 모든 관광객들에게 최상의 시기이다. 또한 이 기간에는 갑자기 비오는 날이 적어 쾌적하게 여행할 수 있다.
특히 황금의 5월이라는 말을 실감할 수 있을 정도로 5월은 독일이 가장 아름다운 때이다.

관광제안

해변 휴양여행 : 북해와 발트해의 바닷가, 바다 가운데 떠있는 섬의 해변은 해수욕을 즐기기에 좋은 곳이다. 또한 하이킹의 천국으로도 유명한데 표지판이 완비되어 있고 컨디션, 시간, 난이도에 따른 다양한 코스가 개발되어 있어 체력과 목적에 따라 하이킹코스를 자유롭게 선택할 수 있다.

건강 여행 : 250개 이상의 요양지와 광천 요양지가 있기 때문에 건강 휴가를 즐기기에 적당하다. 광천의 질, 온천풀, 진흙욕 등 많은 자연요법중에서 자신의 건강에 적당한 요법을 선택할 수 있다. 이런 요양지에는 치료센터, 사나토리움에서 호텔, 패션, 스포츠 시설까지 최신설비를 갖추어 건강 휴가객의 천국과 같다.

스포츠 여행 : 해양스포츠는 북해, 발트해와 많은 호수 등에서 즐길 수 있으며, 겨울 스포츠인 컨트리스키, 활강스키 등은 자우에르란트, 룐, 피히텔게브리게, 검은 숲이라는 중급산지와 알프스에서 즐길 수 있다.

자동차 운전

북쪽이 어딥니까?

남쪽이

동쪽이

서쪽이

남쪽 방향의 고속도로로 어떻게 갑니까?

여객선은 언제 출항합니까?

함부르크까지 몇 킬로미터입니까?

실례지만, 길을 잃었습니다.

지도를 가지고 계십니까?

교통기관

In welcher Richtung ist Norden?
인 벨혀 리히퉁 이스트 노르덴

Süden
쥐-덴

Osten
오스텐

Westen
베스텐

Wie komme ich zur Autobahn Richtung Süden?
비- 콤메 이히 주어 아우토바-ㄴ 리히퉁 쥐-덴

Wann fährt die Fähre ab?
반- 페어트 디 패-레 압

Wieviel Kilometer sind es bis nach Hamburg?
비-피-ㄹ 킬로미터 진트 에스 비스 나흐 함부르크

Entschuldigen Sie, ich habe mich verfahren.
엔출디겐 지- 이히 하-베 미히 페어파-렌

Haben Sie eine Landkarte?
하-벤 지- 아이네 란트카르테

169

자동차 운전

저 좀 도와 주시겠습니까?

제게 길 좀 설명해 주시겠습니까?

제게 가르쳐 주세요.

이 도시를 뭐라고 부릅니까?

이 길이 한도르프로 가는 길입니까?

약 5킬로미터 정도 곧장 가십시오.

우회전하십시오.

좌회전하십시오.

교통기관

Können Sie mir helfen?
쾨넨 지- 미어 헬펜

Können Sie mir den Weg erklären?
쾨넨 지- 미어 덴 베-크 에어클래-렌

Bitte zeigen Sie es mir!
비테 차이겐 지- 에스 미어

Welche Stadt ist dies?
벨헤 슈탓트 이스트 디-스

Führt diese Straße nach Handorf?
퓌-어트 디-제 슈트랏세 나흐 한도르프

Fahren Sie geradeaus, ungefähr fünf Kilometer.
파-렌 지- 게라데아우스 운게패어 퓐프 킬로미터

Biegen Sie nach rechts ab.
비-겐 지- 나흐 레힛츠 압

Biegen sie nach links ab.
비-겐 지- 나흐 링스 압

자동차 운전

가장 가까운 주유소까지 얼마나 멉니까?

아주 멀지는 않습니다.

경찰서가   어디에 있습니까?

영화관이

주차장이

여행사가

근처에 더 큰 도시가   있습니까?

　　강이

　　쇼핑 센터가

　　마을이

　　성이

　　자연보호구역이

교통 기관

Wie weit ist es bis zur nächsten Tankstelle?
비- 바이트 이스트 에스 비스 쭈어 낵스텐 탕크슈텔레

Nicht sehr weit.
니히트 제-어 바이트

Wo finde ich <u>eine Polizeiwache</u>?
보- 핀데 이히 아이네 폴리짜이박헤

ein Filmtheater
아인 필름티아-터

einen Parkplatz
아이넨 파크플랏츠

ein Fremdenverkehrsbüro
아인 프렘덴페어케어스뷰로-

Gibt es hier in der Nähe <u>eine größere Stadt</u>?
깁트 에스 인 데어 니어- 아이네 그뢰-쎄레 슈탓트

einen Fluß
아이넨 플루스

ein Einkaufszentrum
아인 아인카웁스쩬트룸

ein Dorf
아인 도르프

ein Schloß
아인 슐로쓰

ein Naturschutzgebiet
아인 나투어슛츠게비-트

173

자동차 운전

자동차정비소가 어디에 있습니까?

자동차정비사가

스노우 체인 있습니까?

무연 휘발유

증류수

바퀴가 펑크났습니다.

바퀴를 고치십니까?

견인차가 필요합니다.

교통기관

Wo kann ich eine Autowerkstatt finden?
보- 칸 이히 　아이네 아우토 베륵슈탓　 핀덴

einen Automechaniker
아이넨 아우토메햐-니커

Haben Sie Schneeketten?
하-벤 지-　슈네-케텐

bleifreies Benzin
블라이프라이에스 벤찐

destilliertes Wasser
데스틸리어테스 밧서

Ich habe eine Reifenpanne.
이히 하-베 아이네 라이펜판네

Reparieren Sie Reifen?
레파리어렌 지- 라이펜

Ich brauche einen Abschleppwagen.
이히 브라욱헤 아이넨 압슐렙바-겐

친구를 알고자 하거든 사흘만 같이 여행을 해라. -서양 속담-

자동차 운전

브레이크 좀 점검해 주시겠습니까?

타이어 공기압 좀 측정해

연료를 가득 채워

오일 좀 교환해

언제 끝납니까?

비용은 얼마 정도 들까요?

교통기관

Könnten Sie bitte meine Bremsen prüfen?
쾐ㄴ텐 자- 비테 마이네 브렘젠 프뤼-펜

den Reifendruck messen
덴 라이펜드룩 멧센

volltanken
폴탕겐

das Öl wechseln
다스 외-ㄹ 벡셀른

Wann wird es fertig sein?
반 비어트 에스 페어티히 자인

Was wird das ungefähr kosten?
바스 비어트 다스 운게페어 코스텐

여행은 나에게 있어서
정신을 다시금 젊어지게 해 주는 샘이다.   -안데르센-

Part 6
긴급사태

긴급상황

긴급상황

불이야!

도와 주세요!

저는 긴급한 상황에 처해 있습니다.

저는 비자를   잃어버렸습니다.
　　　여권을

　　　돈을

　　　호텔방 열쇠를

　　　손가방을

　　　짐을

　　　일행들을

　　　카메라를

긴급 사태

Feuer!
퐈이어

Hilfe!
힐페

Ich bin in einer Notlage.
이히 빈 인 아이너 노-틀라-게

Ich habe mein Visum verloren.
이히 하-베 마인 비-줌 페얼로-렌

meinen Reisepaß
마이넨 라이제파스

mein Geld
마인 겔트

meinen Hotelschlüssel
마이넨 호텔슐륏셀

meine Handtasche
마이네 한타쉐

mein Gepäck
마인 게팩

meine Touristengruppe
마이네 투-리스텐그룹페

meinen Photoapparat
마이넨 포-토아파라-트

긴급상황

제 남편을 찾을 수가 없습니다.

제 아내를

제 아이를

제가 어떻게 해야 합니까?

저 좀 도와 주시겠습니까?

저를 경찰서로 데려다 주십시오.

    호텔로

    병원으로

    집으로

사고를 당했습니다.

긴급 사태

Ich kann meinen Mann nicht finden.
이히 칸 마이넨 만 니히트 핀덴

meine Frau
마이네 프라우

mein Kind
마인 킨트

Was soll ich tun?
바스 졸 이히 투-ㄴ

Können Sie mir helfen?
쾌ㄴ넨 지- 미어 헬펜

Bitte bringen Sie mich zur Polizeiwache.
비테 브링엔 지- 미히 쭈어 폴리짜이박헤

zum Hotel
쭘 호텔

zum Krankenhaus
쭘 크랑켄하우스

nach Haus
나흐 하우스

Ich hatte einen Unfall.
이히 하테 아이넨 운팔

183

긴급상황

의사가 필요합니다.

구급차가

경찰관이

소방관이

저는 페니실린 알레르기가 있습니다.

저는 당뇨병 환자입니다.

저는 몸이 좋지 않습니다.

제게 통역 좀 구해 주시겠습니까?

아스피린이 약간 필요합니다.

긴급 사태

Ich brauche einen Arzt.
이히 브라우헤 아이넨 아르쯔트

einen Krankenwagen
아이넨 크랑켄바-겐

die Polizei
디- 폴리짜이

die Feuerwehr
디- 포이어베어

Ich bin allergisch gegen Penizillin.
이히 빈 알러기쉬 게-겐 페니찔리-ㄴ

Ich bin zuckerkrank.
이히 빈 쭈커크랑크

Mir ist nicht gut.
미어 이스트 니히트 구-ㅌ

Können Sie mir einen Dolmetscher beschaffen?
쾌넨 지- 미어 아이넨 돌메춰 베샤펜

Ich brauche etwas Aspirin.
이히 브라우헤 엣바스 아스피린

긴급상황

팔이 아파요.
등이
발이
손이
머리가
다리가

목에 통증이 있습니다.

배가 아파요.
이가

발목이 아파요.
눈이
무릎이

긴급 사태

Mein Arm tut mir weh.
마인 아-ㅁ 투-ㅌ 미어 뷔-

Rücken
뤽켄

Fuß
푸-스

Hand
한트

Kopf
콥프

Bein
바인

Ich hebe Schmerzen im Nacken.
이히 하-베 슈메르쩨ㄴ 임 낙켄

Ich hebe Magenschmerzen.
이히 하-베 마-겐슈메르쩨ㄴ

Zahnschmerzen
짜-ㄴ슈메르쩨ㄴ

Mir tun meine Fußknöchel weh.
미어 투-ㄴ 마이네 푸-스크뇌헬 뷔-

meine Augen
마이네 아우겐

meine Knie
마이네 크니-

187

긴급상황

도와주셔서 감사합니다.

Vielen Dank für Ihre Hilfe.
피-ㄹ렌 당크 퓌어 이-어레 힐페

독일여행시 주의사항

① 수도물은 석회성분이 많으므로 미네랄 워터를 구입해서 마시는 것이 좋다.

② 주로 유료 화장실이 많으므로 항상 약간의 잔돈은 준비해 두는 것이 좋다.

③ 화장실에서의 남녀구분은 신사(Herren), 숙녀(Damen)로 표시되며 간단히 H와 D로 표기하기도 한다.

④ 독일에서는 허가없이 낚시를 할 수가 없다. 각주에서 발행하는 독일 낚시 허가증을 받아야 한다. 지방국이나 시청에서 발행한다.

여행 스케줄

Date   /   /

구경거리

즐길거리

먹거리

숙박

경비

기타

여행 스케줄

Date   /   /

구경거리

즐길거리

먹거리

숙박

경비

기타

여행 스케줄

Date   /   /

구경거리

즐길거리

먹거리

숙박

경비

기타

여행 스케줄

Date   /   /

구경거리

즐길거리

먹거리

숙박

경비

기타

여행 스케줄

Date   /   /

구경거리

즐길거리

먹거리

숙박

경비

기타

여행 스케줄

Date   /   /

구경거리

즐길거리

먹거리

숙박

경비

기타

여행 스케줄

Date   /   /

구경거리

즐길거리

먹거리

숙박

경비

기타

여행 스케줄

Date   /   /

구경거리

즐길거리

먹거리

숙박

경비

기타

여행 스케줄

Date   /   /

구경거리

즐길거리

먹거리

숙박

경비

기타

여행 스케줄

Date   /   /

구경거리

즐길거리

먹거리

숙박

경비

기타

여행 스케줄

Date   /   /

구경거리

즐길거리

먹거리

숙박

경비

기타

여행 스케줄

Date   /   /

구경거리

즐길거리

먹거리

숙박

경비

기타

여행 스케줄

Date   /   /

구경거리

즐길거리

먹거리

숙박

경비

기타

여행 스케줄

Date   /   /

구경거리

즐길거리

먹거리

숙박

경비

기타

여행 스케줄

Date   /   /

구경거리

즐길거리

먹거리

숙박

경비

기타

여행 스케줄

Date   /   /

구경거리

즐길거리

먹거리

숙박

경비

기타

여행 메모

Free Note

여행 메모

Free Note

여행 메모

Free Note

여행 메모

Free Note

여행 메모

Free Note

여행 메모

Free Note

여행 메모

Free Note

여행 메모

Free Note

여행 메모

Free Note

여행 메모

Free Note

여행 메모

Free Note

여행 메모

Free Note

여행 메모

Free Note

여행 메모

Free Note

여행 메모

Free Note

여행 메모

Free Note

여행 메모

Free Note

여행 메모

Free Note

여행자 메모

Traveler's Note

여권번호
Passport No.

비자번호
Visa No.

항공권번호
Air Ticket No.

항공권편명
Flight Name

신용카드번호
Credit Card No.

여행자수표번호
Traveler's Check No.

해외여행보험번호
T.A. No.

항공권 예약

Day |

Time |

Flight Name |

담당자 |